幸せな私のはじめかた

著　宇佐美 百合子

刺繍イラスト　石井 寛子

sanctuarybooks

はじめに

人生につまずき、苦しみのまっただなかにいるときに、ふと目にした言葉に胸を打たれて、なんだか救われたような気がした…。そんな経験はありませんか？

私には、数え切れないほどたくさんあります。
「あのとき、あの言葉に出合ってなかったら、どうなっていたかな？」と思えるような名言の数々に癒され、励まされるうちに、自分もそんなステキな言葉を紡ぎたいと夢を抱いたのです。

もし今あなたが、人生にいき詰まって希望の光が見えなくなっていたら、毎日がつらくて幸せが遠のいていくような気がしていたら、この本をペラペラとめくってみてください。
そのとき、惹かれる言葉があったのなら、それは今あなたが必要としている言葉であり、意識の転換をうながすメッセージなんだと思います。

そのメッセージは、心にこびりついたままの古傷をキレイにするきっかけになってくれるかもしれませんし、あるいは、幸せな未来を創っていけるよう、新たな道を示してくれるかもしれません。

魂のこもった言葉は、時代を超え、同時に人種も、性別も、年齢も超えて、見た人の心にストレートに飛び込んできます。そこには､宝石のように輝く“真実”があるからだと思います。

その真実に胸を打たれた瞬間、まるでその人が時空を超えて耳元でささやいてくれたように感じるでしょう。
今からあなたが出合おうとしている言葉たちが、あなたに、人生の荒波を乗り切る知恵と勇気をもたらしてくれると信じています。

宇佐美百合子

contents

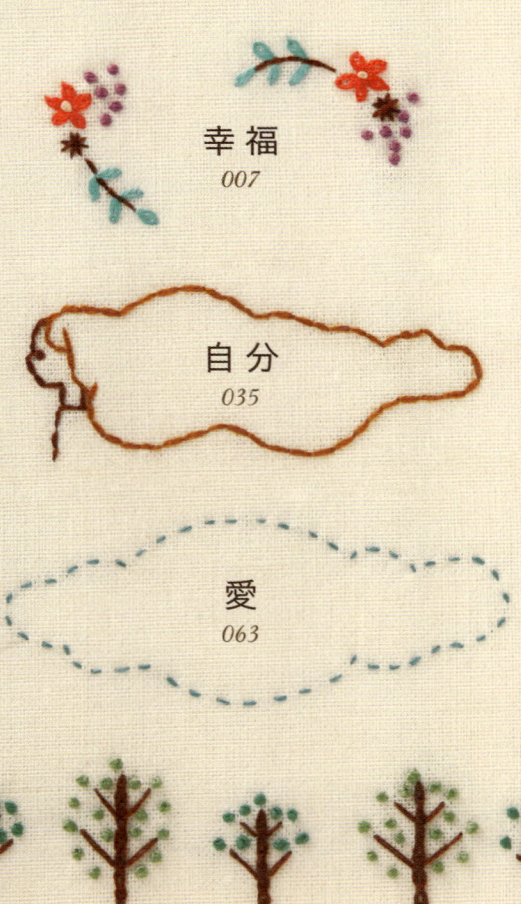

幸
福

happiness

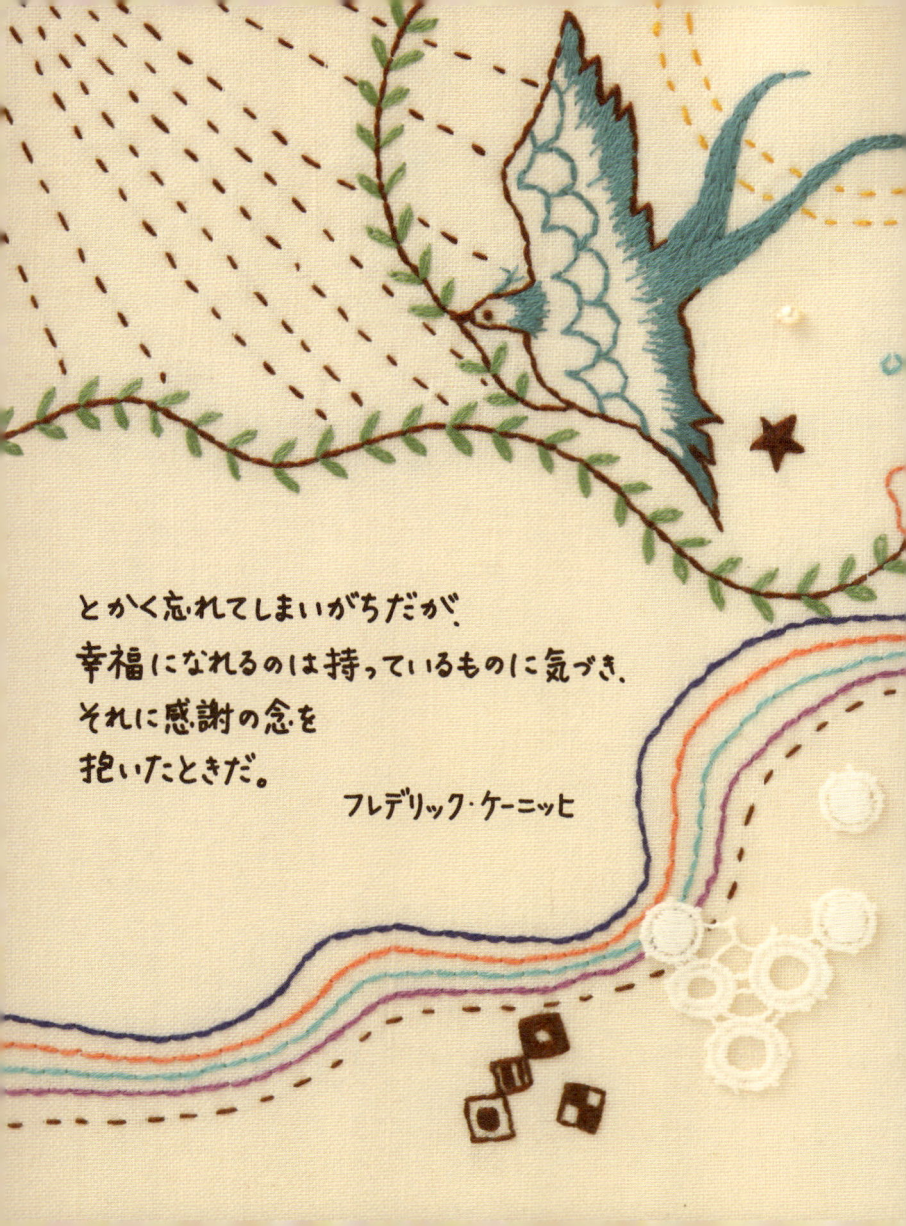

とかく忘れてしまいがちだが、
幸福になれるのは持っているものに気づき、
それに感謝の念を
抱いたときだ。

フレデリック・ケーニッヒ

『目が見える人間は、見えるという幸福を知らずにいる』と言われます。
たしかに、健康ひとつとってもそうですよね。病気やケガをしてはじめて、健康のありがたみを感じる人も多いでしょう。
健康に限らず、今持っているものを失うことは、いつだれの身に起こっても不思議ではありません。
それなのに、私たちは食べるに困らない今の暮らしが、この先もずっとつづくかのように思いがちです。
しかし気をつけたいのは、この思いが日常化すると、「もっと欲しい」「まだ足りない」という欲望がどんどん出てきて、今あるものに対する感謝を忘れてしまう場合があるということ。
そんなときは、心の片すみに「まさか自分の身には、大切なものを失うような悲劇は起こらないだろう」というおごりが忍び寄っているんですね。

私は人生を走りつづけ、苦しくてたまらないときも「止まるわけにはいかない」と歯を食いしばって生きてきました。そのあげく、体を壊して手術入院することになってしまったのです。
観念した私は、ゆったりと流れていくときに身をゆだね、これまでの自分を振り返ってみました。
浮かんでくるのは、同僚や後輩に出し抜かれまいとピリピリしている自分、ないものを見つけてはそれを埋めようと焦る自分、そして、まるで自分ひとりでここまでやってきたような気になって、あらゆるものへの感謝をすっかり忘れかけている自分でした。
「こんなにも愚かな私が、病気をしてもなお生かされている…」
そんな後悔と感謝の気持ちが入り混じった思いが胸に突き上げてきて、あふれ出る涙を止めることができませんでした。

私たちに命が与えられたこと。
その命の火を、今この瞬間も灯しつづけていること。
これは、どんなに感謝してもしきれないほど幸福なことだと思います。人間として幸福に生きていくために必要なすべてのものを、私も、あなたも、すでに持っていながら、心はどこに向いているのでしょうか。
私たちは本来、「自分の“存在そのもの”が幸福であること」に気づけていれば、生きている限り幸福でいられる、ありがたくてうれしい存在なのです。

君が考えること、語ること、
すること、その3つが
調和しているとき、そのときこそ
幸福は君のものだ。

マハトマ・ガンディー

もしも、自分のことが大好きで、信用ができて、誇りを持てたらどんなに幸せでしょうか。
逆に、自分のことが大嫌いで、信用できずに、卑下していたら、それはとても不幸なことだと思います。

私は自分に誇りを持てなくて、人と関わっていくなかで、みじめさやうしろめたさをしょっちゅう感じていました。
この不幸感から抜け出すにはどうすればいいんだろう…と悩んでいた私に、ズバッと答えてくれたのがこの言葉です。
君が考えること、語ること、すること、その３つが調和しているとき、そのときこそ幸福は君のものだ。

３つが調和していない状態ならば、すぐに思い当たりました。
たとえば人にやさしくしようと考えているのに、人を攻撃し、無視する。そうかと思うと、本当は違う意見なのに、お世辞を言って、ご機嫌を取る…。
こんなふうに「頭」と「心」と「言動」がいつのまにかバラバラになっていたから、私は自分自身を信用できなくなっていたんだとわかりました。

「人にやさしくしようと考えたなら、やさしい言葉を語り、やさしくすることに全力を尽くしなさい。そうすれば、君自身が幸福でいられるから」と諭されたのです。私はこの原則を生活全般に当てはめて、片っぱしから実行しました。

部屋はキレイにしておくほうが快適だと考えたら、片づける。
返事はすぐ出すほうがいいと考えたら、後まわしにしない。
親孝行したいと考えたら、その場で電話でもなんでもする。
そうこうするうち、３つを調和させることは、シンプルに見えてとても奥の深い行為だと感じるようになりました。
それは、どんなに些細なことに関しても、矛盾のない、等身大の自分で生きていくこと。つまり私自身が、決して自分をあざむかない人間になることだったのです。

あなたも今日から「考える、語る、する」の３つを調和させて、自分に対する誇りと信用を取り戻しましょう！
そう決めると、これまでみたいに人の顔色をうかがったり、好かれようとして神経を使う必要がなくなるので、前よりストレスも溜まらなくなりますよ。

良心に照らして
少しでもやましいところがなければ、
何を悩むことがあろうか。
何を恐れることがあろうか。
孔子

八方美人、出まかせを言う、人を差別する、だれも見てないならいいやと思う、困っている人を見て見ぬ振りをする…。
自分で羅列するのも恥ずかしいのですが、これらは過去の日記で私が“自分の直したいところ”として挙げたものです。
「こんな人間をほかの人が好むはずがない。これじゃ対人関係で傷つくのは当たり前…」と、書きながら無性にみじめな気持ちになったことを覚えています。

私の心には「人から好かれたい」「相手に自分を認めさせたい」という欲があり、その背後には「人から嫌われたら孤立する」「バカにされたらやっていけない」という恐怖が渦巻いていました。この恐怖から逃れたくて場当たり的に動き、いつのまにか“尊敬できない自分”を生み出していたのです。
それを心から悔いて、自分を変えるにはこの恐怖を乗り越えるしかないと思い立った私は、「人に嫌われようが、バカにされようが、これからはぜったいに自分の良心に適う行動を取る！」と涙ながらに誓いました。
するとおどろいたことに、良心に意識を向けることで「どうするべきか」という答えがすぐ見つかるようになったのです。

私にとって良心とは“美しい心”です。それは文字通り「醜くない心」、汚れのない「善の心」、偽りのない「誠の心」。
もしあなたが自分を尊敬できないでいるとしたら、物事を決める前に「この判断をする私の心は美しい？」と良心にたずねてから動くようにしてみましょう。
「小さなことだし…」とか「これくらいなら…」という気持ちは捨てること。あなたの変化は小さなことからはじまります。
たとえば、友だちが人の悪口を言いはじめたとき、あなたは？
屋外で空き缶を捨てる場所が見当たらないとき、あなたは？
自分が取ろうとする態度が美しいかどうか、それを細かくチェックしていってください。

直感で「これが美しい！」と思ったら、もう迷ってはいけませんよ。純粋な判断に疑念を入り込ませないよう、あなたの真ん中にドカッと良心を据えてください。
良心の存在を意識して生活するようになると、違和感を覚えて良心にそぐわない態度は取れなくなり、自然に善意から動くようになっていきます。
そのときが、迷いのない穏やかな人生のはじまりなのです。

幸せとは、欲しいものを得たり、
なりたいものになったり、
したいことをしたりするところから来るものではなく、
今得ているもの、今していることを、
あなたが好きになるところから生まれる。　トリーチェ

BISCU

私には子どものころから「幸せは特別なもの」「人ができないことをすれば幸せになれる」という感覚がありました。
だから幸せになるためには、人が持っていないものを得て、みんながあこがれそうな仕事に就く必要があると思っていたのです。
そんな幸せを求めて、必死にがんばった結果はというと…自分が想像していたものとはまったく違っていました。

欲しかった高級時計をやっとの思いで買い求めたり、やりたかった仕事を任されたりしたときは、一時的に気持ちが高ぶって幸福感に包まれましたが、それもせいぜい数ヶ月。
ときが経つにつれて幸福感はトーンダウンし、ふたたび何かがもの足りない生活に戻ってしまう…。こうして何年もの間、心は幸せと不満足の間を行ったり来たりしていました。
私は、次第に人がうらやむ幸せを目指すことに嫌気が差し、またがんばる気力も失って、今度はそんなダラしない自分を責めるという悪循環にはまっていきました。
これでは幸せに近づくどころか、むしろ遠ざかる一方です。
毎日、やり場のない悲しみで胸がいっぱいでした。
そんなとき、前頁にある言葉に出合い、「今の自分が、今ある環境で幸せを探し出すことができなかったら、いつまで経っても“幸せを探しつづける人生”を生きることになってしまう。幸せとは、平凡な毎日のなかに星の数ほど存在している幸せを見つけることなんだ」と気づいたのです。

まず、あなたが“今持っているもの”を好きになりましょう。
容姿も、仕事も、環境も、隣人たちも含め、そのいいところ、愛すべきところを探しましょう。不満が浮かんだら打ち消し、いいところを見つけることに専念してみてください。
次に、あなたが“日常的にすること”を好きになりましょう。
やりたいことだけじゃなくて、やるべきことを好きになるように、同じことを楽しくする工夫をしてみてください。

きのうと変わりのない生活を、きのうより快適にできるようになると、気持ちが穏やかになってグチが減ります。
するとまわりにいる人たちは、そんなあなたの態度に好感を持って、幸せを応援してくれるようになるんですね。
その結果、あなたは多くの人の助けを得て、自分がなりたいものになれたり、したいことができるようになれるのです。

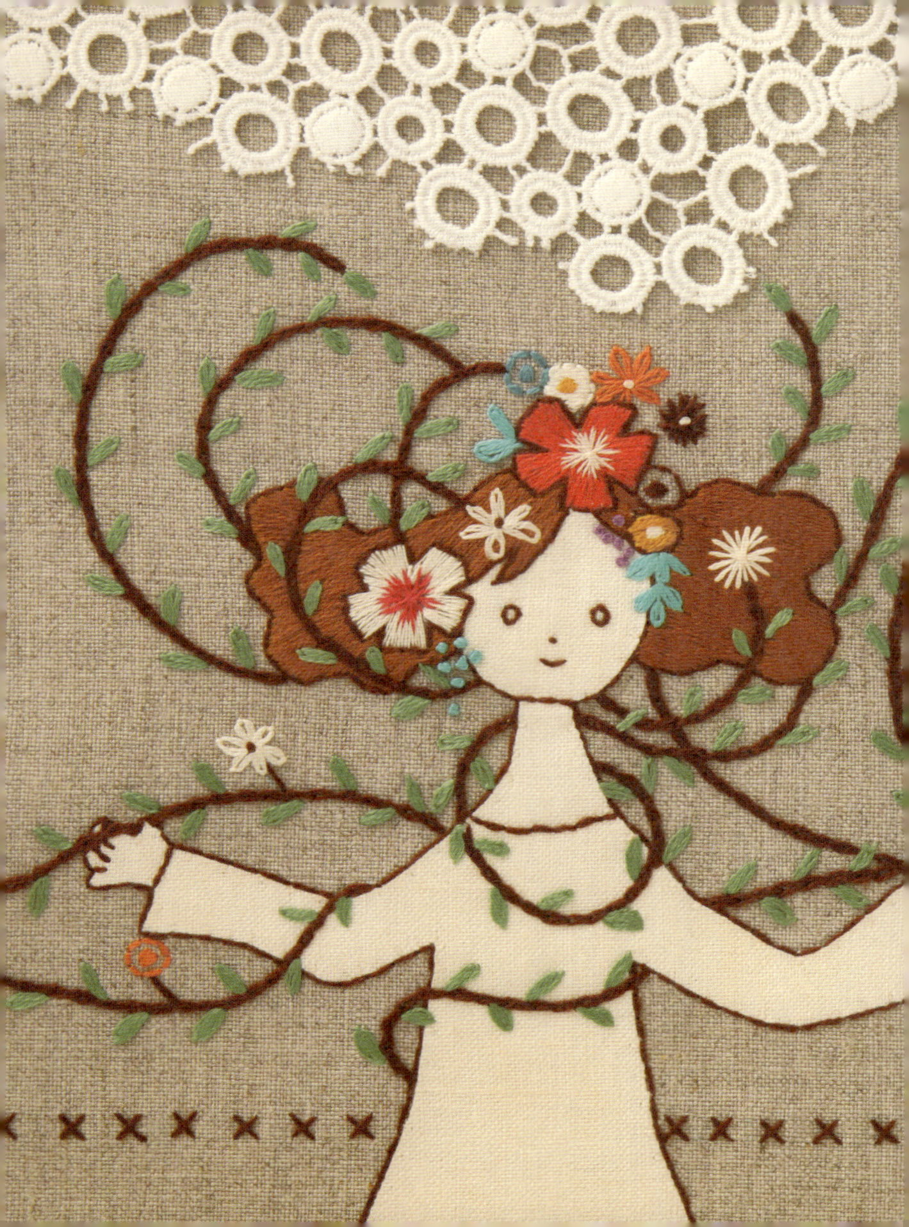

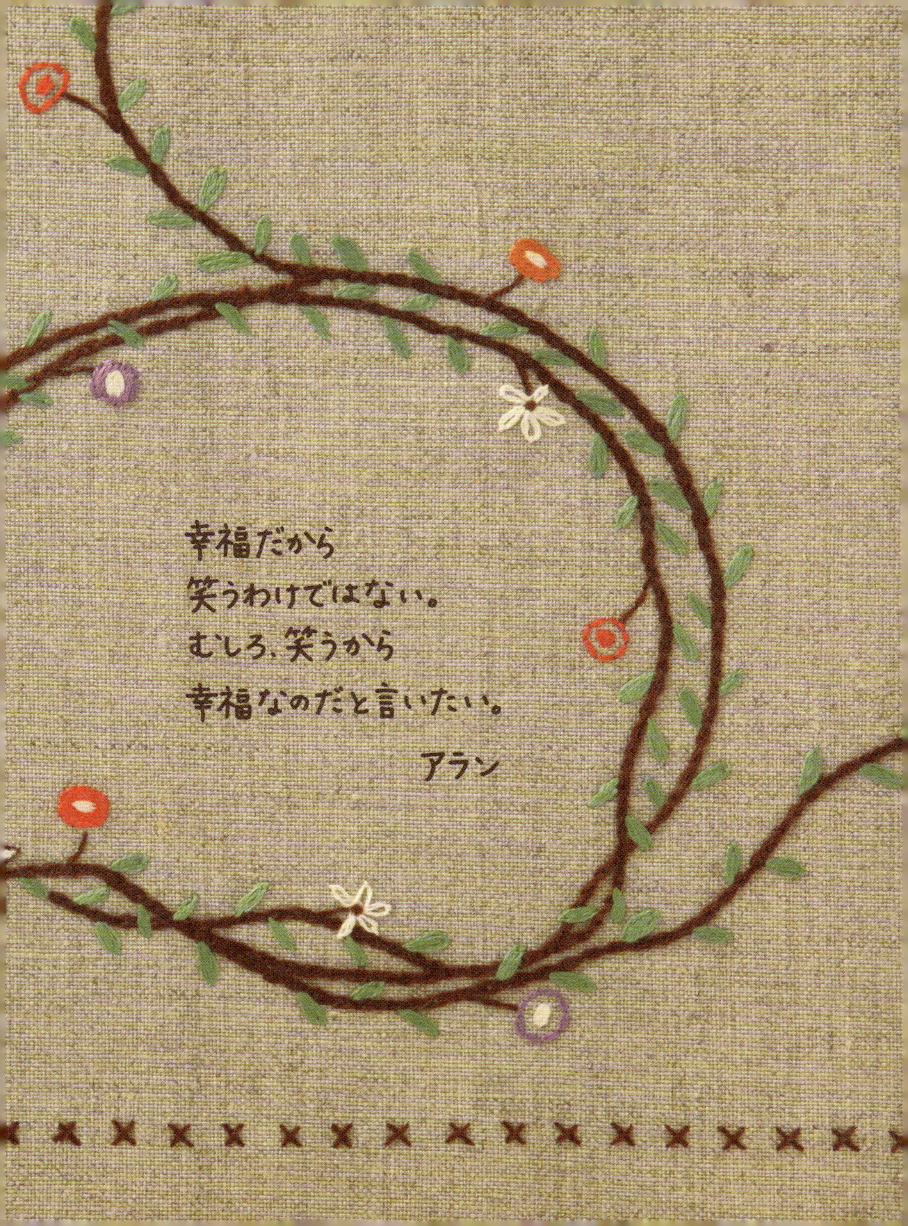
幸福だから
笑うわけではない。
むしろ、笑うから
幸福なのだと言いたい。
アラン

私の友人に、いつ会ってもニコニコしている人がいます。うれしいことや楽しいことがあったときに限らず、ふだんから穏やかな笑顔で生活しているんですね。
彼女がいると雰囲気が和みます。当然、だれからも好感を持たれ、私はそんな彼女を心からうらやましく思っていました。

そこで、彼女のマネをして鏡の前でニコニコ顔を作ってみたんです。ところが悲しいことに、無理矢理笑顔でいようとしても顔が引きつってしまい30秒と持ちません。
そのことを彼女に打ち明けました。
すると、「そういうときは、身のまわりにある愉快なことに思いをはせるのが一番簡単だよ！」と教えてくれたのです。
それからというもの、私は真剣に“目や耳に触れる愉快なこと”を探すようになりました。
木漏れ日やそよ風の心地よさ、鳥のさえずりや動作のかわいらしさ、友人たちの身を削った笑い話、ネットで見つけた微笑ましい話、ドジ話…などなど。愉快にさせてくれるものって、けっこう身近にあふれているんですね。
それまでの自分が、まわりの小さな物事にいかに無頓着だったかを思い知らされました。
愉快なことに意識を向けるたび、おもわず微笑む自分を発見して、改めて「幸福とは待つものではなく、自分から引き寄せるもの」という思いを強くしました。

私たちは“意識しているものを引き寄せる名人”なんですよ。
たとえば車に乗っていて「ラーメンが食べたいな」と思ったとたんに、ラーメン屋の看板が次から次へと目に飛び込んできた、という経験はありませんか？
これと同じように、寝ても覚めても「ニコニコ顔でいたい」と思っていたら、あなた自身が愉快なことを引き寄せて、微笑む機会がどんどん増えていくと思います。

そうやって笑っている時間をいっぱい生み出して、「いつ会っても笑顔がステキね！」と言われるあなたになってください。
心の引き出しに“とっておきの愉快なこと”をストックしておくといいかもしれません。すると多少イヤなことがあっても、その引き出しを開ければ、たちまち幸福な世界に舞い戻ってくることができるからです。

幸福の度合いは、
自分がどれだけ幸福になりたいかで
決まるのだ。

エイブラハム・リンカーン

あなたはこれまでの人生を基準にして、「自分が手に入れられる幸せはせいぜいこのくらいだろう」と想像していませんか？
本人が「せいぜいこのくらい…」なんて思ってしまっていると、本当にそれ以上の幸せが手に入らなくなるかもしれませんよ。
私たちは自分ががんばったことが結果として現れてこないと、努力が報われないむなしさから逃れたくなって、知らないうちに「もうこれ以上、自分が傷つかないようにしよう」と考えはじめてしまうところがあります。
そしてもっともらしい理由を持ち出して、“夢をあきらめる”という生き方を受け入れてしまいます。

もし今あなたが、がんばることに疲れてなんの張り合いもない時間を過ごしていたら…、本当はものすごく幸せになりたいのに「そこそこの幸せに甘んじるしかないなぁ」というあきらめモードに陥っていたら…、ちょっと“お休み”を取りませんか？
今のあなたに必要なものは、心身に休息と栄養を与えることであって、そこそこの幸せを受け入れてしまうことではないからです。

夢を手放して仕方なく生きていくために、あなたは生まれてきたのではありません。「何があっても決して夢をあきらめない！」と思える活力を、もう一度よみがえらせましょう。

私は30代の後半を「そこそこの幸福に甘んじるしかないな」という半ばあきらめモードで過ごしたことがあります。
重苦しい日々がつづき、くすぶった感情が心を覆い尽くしてしまいそうになったそのとき、自分のなかにある矛盾に気がつきました。
「そこそこの幸福ってナニ？　それで満足なの？　いや、違う。本当は心がすり切れちゃったから休みたいだけ…。でも、歩みを止めると何もかもなくしてしまいそうな気がして恐いから、いっそ夢を捨てようとしてた…」と。
私は思いきって、1年間のお休みを取ることにしました。
その間に「こんな人生を手に入れたい」という幸福の形をはっきりとイメージし、それに少しずつ近づくために“幸福の種まき”をしようと思ったのです。
「評価されるためにイヤなことをつづけるのではなく、夢を叶えるために、今はときを惜しんで種をまこう。そのとき心が躍らないことがあれば、それは私にとって幸福の種じゃない証拠。逆にワクワクすれば、いつ終わっても悔いのない人生を生きられる」そう考えると迷いが吹っ切れ、私は種まきを楽しみながら新しい夢を追いかけはじめました。

この体験から学んだことは、「休むことは幸福を失うことではない。夢をあきらめることが幸福を失うことなのだ」ということです。
それ以降も私の人生には、離婚や転職などハードな出来事がいっぱい起こりましたが、私は涙を拭くと顔を上げ、また次の幸福に向かって種をまきつづけました。
人間はだれでも、本気で幸せになりたいと発奮《はっぷん》したときから、必死の努力を重ねるようになる。そしてせっせと幸福の種まきをしはじめる、と感じています。
それがいつしか育って、予想もしなかった大きな果実をつけるようになるのだと思います。

あなたが、今はこれ以上がんばれないと感じているとしたら、それは努力が足りないのではなく、もしかするとがんばる方向が間違っているのかもしれません。
あまりにも多くのことを抱え込んで気が散っていませんか？
目先の評価に心を取られて、将来像を見失っていませんか？
ここで一度、軌道修正をしましょう。人生のお休みは、あなたの心身にとってかけがえのないものになるはず。
生き急がなくていいんです。ムリをしないで快適に夢を追いかけられる方法を、腰を据えて探りましょう。

あなたがこれまでしてきた苦労は、すばらしい未来を手に入れるための種まきで、その未来が今です。
その今が、たいへんな状態だからといって落胆することはありませんよ。あなたの目に「たいへん」と映っている今は、実は幸せのつぼみでいっぱいなんです。
あなたが予期していない幸せが、あちこちに転がっています。
そのつぼみを開花させるには、心のどこかに眠っている「どうしても幸福になりたい！」というまっすぐな気持ちがぜったいに必要です。それを前面に押し出して進みましょう。
いつの日か、「夢を捨てないで本当に良かった…」と涙するときがかならずやってきますよ。

自分

myself

自分にとって大切なことは、
他人が自分のことを
どう考えているか
ということではなく、
自分が彼らのことを
どう考えているか
ということだ。

シャトーブリアン

「他人は、私のことをどう思っているんだろう…」と、そればかり心配していた私。あるとき前頁にある言葉を見つけ、逆のことを考えてみました。
「私は、他人のことをどう思っているか？」
そのとき心に浮かんだのは、
『しょせんは口先だけで、調子のいいことを言う』
『自分のことは棚に上げて、人のことばかり批判する』
私は内心あきれてしまいました。こんなに不信感に満ちている人間が、他人と良い関係を築けるはずもありません。
良い関係を築きたいという気持ちはあっても、いつもうわべの関係で終わってしまっていた理由がようやくわかりました。

ゆがんでしまった自分像をなんとかしたい…と焦りました。
人の反応を見て“他人が望む自分”になろうとしていたけれど、もっと、ずっと大事なことは“自分が望む自分”になることだった…。自分が望む自分ならば、人に対してももっと温かいまなざしを向けられるはず…。そこで自分に問いかけました。
「じゃ、どういう自分がいいの？」
その答えは、「信頼できる自分がいい！」

信頼できる自分とは、「場当たり的な反応をしない自分」だと考えた私は、腹をくくりました。「もう他人の思惑には振りまわされない、裏表のない自分になる！」と。

もしあなたが、ものすごく人目を気にするほうで自分を見失いがちだったら、“自分が望む自分”になるために全力を注いでみませんか？
その際に必要なことは、「他人の心は操作できなくても、自分の心なら操作できる。何が何でも信頼できる自分になってみせる！」という信念を持つことだと思います。
人があなたをどんな目で見ようと、陰で何をささやこうと、気にかけず自分の信念にしたがって動きましょう。

あなたの努力を正当に評価できるのは、あなたをおいてほかにはいません。あなたに最後まで声援を送りつづけることができるのは、あなただけなのです。
だから、自分のことを本当に大切にしてくださいね。
そして、「よくがんばったね！」と自分で自分のことをほめてあげられるような生き方をしていきましょう！

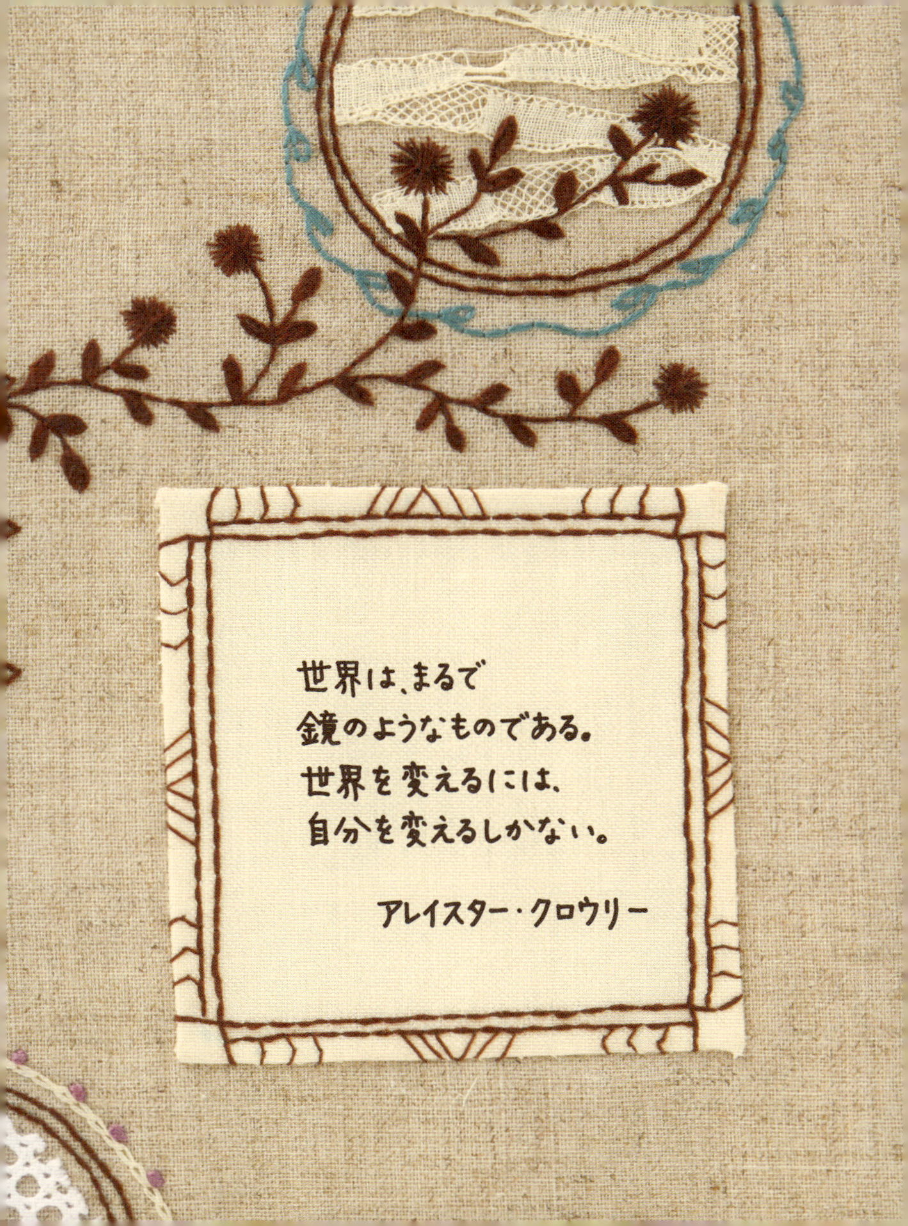
世界は、まるで
鏡のようなものである。
世界を変えるには、
自分を変えるしかない。
アレイスター・クロウリー

あなたは自分にとって良くないことが起こったとき、たとえばだれかに八つ当たりされたとか、ずっと欲しかったものが売り切れてしまったとか、朝から渋滞にハマったとか…そういうときどんな気持ちになりますか？
たちまち機嫌をそこねて「あいつのせいだ！」と怒り出したり、「どうして私はいつもツイてないんだろう」と落ち込むことがけっこうあるのではないでしょうか。
そうやって不快な感情にさいなまれるくらいなら、ガラリと視点を変えて“自分の目にイヤだと映るものは、自分の心の反映”と考えてみませんか。

「そんなこと言われても、ぜんぶが私のせいじゃない…」という気持ちがわくかもしれません。でも日々起こる出来事を「イイこと」「イヤなこと」と判断しているのはあなたしかいません。その判断を意図的に変えてみると、目に映る世界が本当に変わるのかどうか。これは一度試してみる価値があると思います。
私は実際に試してみました。
そのとき頭に浮かんだ「イヤなこと」は、口うるさい上司のイヤミ。きのう財布をなくしたこと。靴を新調した日の大雨。

これらのムカついた出来事を、とりあえず「ま、いいか」と思ってみたんです。
すると、以前のようにイライラしないではありませんか！
これに気を良くした私は、「ま、いいか」から「人生これもあり」「これもヨシ！」と本気で考えようと思いました。
口うるさい上司は、ありがたい反面教師。財布をなくしたことは、不注意をうながす反省材料。あの日の大雨は、どこかで喜んでいる人がいる恵みの雨…。
そう考えることで一番トクをしたのは私でした。以前とは比較にならないほど、気持ちがラクになったのです。
それからというもの、「イヤなこと」は、視点を変えて自分の器量を上げるための材料。長い目で見たら人生には「イイこと」しか起こらない、と思えるようになりました。

何が起こっても、イイように捉えるクセをつけましょう！
そうすると、同じ目に遭ってもまるで反応が違ってきます。
他人が「サイアク！」と騒いでいるなかで、それにあおられないで「これもヨシ！」と考えることができたら、いつでも“イイことしか起こらない世界”に暮らせるようになりますよ。

人の話をよく聞き、
口数を少なくするために、
人間には耳が2つと
口が1つついている。
ゼノン

私は20歳のときから5年間、放送局のアナウンサーをしていました。アナウンス部には“お話し”の得意な人たちが大勢います。先輩たちを見ていて感じたことは、楽しく話を聞かせることが上手な人が、かならずしもコミュニケーション上手だとは限らないということです。

一般に、自分の話に熱中するタイプは、相手が話している間も「自分が次に話したいこと」を考える傾向があります。
それでつい、人がしゃべっている最中に割り込んで話しはじめたり、人の話の出鼻をくじいてしまったりするんですね。
そんなことがたびたびあると、その人は、「話を聞きたい」と思うときは歓迎されても、「話を聞いてほしい」と思うときは敬遠されるようになってしまいます。

そういう私にも自分本位な会話をするところがありましたから、大いに反省して「これからは今までの2倍、人の話を聞く！」と肝に銘じました。
すると、自分から相手に問いかけることが自然に増えていきました。そして、相手の目を見て返事に聞き入っているうちに、その人の気持ちがスーッと伝わってくるようになったのです。
以前より人の気持ちを汲み取れるようになってみてはじめて、みんなが話し相手に求めているものがわかりました。
それは「触れ合いたい」「分かち合いたい」という当たり前の欲求よりも、もっと強い欲求「私のことをわかってほしい」という気持ちでした。
だから人は、自分という人間に誠実な興味を示して“話を聴きたがってくれる相手”に心を開くのだと思いました。
あなただって、おもわず本音を語りたくなるのは、瞳を輝かせてあなたの話を真剣に聴いてくれる相手ではありませんか？

ミヒャエル・エンデの児童文学『モモ』を読んだことがあるでしょうか。
人の話に一心に耳を傾け、その人に自分自身を取り戻させてくれる不思議な力を持つ少女の物語です。忙しい現代人が忘れてしまっている大事なことを思い出させてくれます。
モモは、ただ“真摯に人の話を聴くこと”ができたのです。
あなたがモモのように話を聴くことができたなら、それだけでまわりから必要とされる人になれるでしょう。

記憶力が悪いことの利点は、
同じよいものを、
何度も初めてのものとして
楽しめるということである。

ニーチェ

地名、人名、電話番号…それを一度聞いただけで記憶してしまう人がいますが、私にはとても考えられません。記憶力が悪いことは、幼いときから私の大きなコンプレックスでした。
ところがです。あるとき、知人の苦労話を聞いて「はじめて聞いたわ。とっても感動した…」とウルウルしていたのですが、夫が言うには、私がその話を聞くのは二度目だったのです！
二度も感動できてトクした気分!?　そんなことがあってから、記憶力が悪いことをみじめだと思うのは、もう止めました。

ひと口に欠点といっても、気をつけて改善できるものと、できないものがあります。たとえば時間にルーズとか、注意散漫といった欠点ならば努力によって改善できるかもしれませんが、私のように記憶力が悪いとか、方向音痴といった欠点は、直そうと思ってもなかなか難しいですよね。

欠点を克服しようとすることはいいことでも、その一方で素の自分を否定しつづければ、自分を見下すようになり、愛することができなくなります。
ですから、直せないと思った欠点は、“自分らしさ”として受け入れることも大切です。
「欠点丸かかえ」で自分を受け入れることが、本当のやさしさ。
それが自分を愛するということなのです。

コンプレックスにさよならして、自分の欠点を楽しむ方法を探ってみませんか？
どんな些細なことでも、人と比べると「劣っている。欠点だ」と思ってしまいがちです。
でも、“長所と短所は、表裏一体”と言われるように、「せっかち」は「てきぱき」に、「だらしない」は「おおらか」に、「方向音痴」は「ご愛嬌！」になります。これは、欠点というのは元から欠点だったわけではないからです。
欠点は愛を与えられると、たちまち利点に変身しますから、自分のダメなところを見つけたら、「これって愛すべき魅力かも！」と声に出して言ってみるのも良い方法だと思います。

自分らしさがどんなふうに表れるかは、セルフイメージ次第。今あなたが欠点と決めつけているところを愛で包んで、あなたならではの魅力にしてしまいましょう！

かんしゃくを起こすと、
友人を失う。
嘘をつくと、
自分自身を失う。　ホピ族の格言

あなたは、逆ギレしてだれかに当たったことはありませんか？
あるいは、嘘がバレないように嘘の上塗りをするうちに、自分がとても不誠実な人間に見えてきて、自己嫌悪に陥ったことはありませんか？
チッポケな欲や体裁にとらわれて心が動揺すると、苦しさから瞬時にして逃れるためにキレたり、嘘をつくようになってしまいます。もちろん、まわりの人たちは離れていき、次第に孤独になっていってしまうでしょう。
かんしゃくと嘘、つまり「怒り」と「不誠実」は、あなたがどんなに自分を正当化したところで、最後には、人の心も自分の心も傷つける道具にしかなりません。
そのせいで私は『後悔、先に立たず』という苦汁を何度なめたことでしょう…。

もしあなたが、世の中を生き抜いていくためには多少の悪知恵や嘘だって必要だと考えているとしたら、私と同じあやまちを犯す前にホピ族の言葉を信用してください。
かんしゃくを起こすと、友人を失う。
嘘をつくと、自分自身を失う。

「後悔したくないのなら、自分を嫌いになりたくないのなら、この正反対の自分であれ」と教えています。
私はこの言葉を見たとき、まるでホピ族の長老に叱られたような気がして、本気で自分の態度を改めようと思いました。

「怒り」と「不誠実」の反対は、「一時的な感情に流されない冷静さ」と「誠心誠意」です。しかし思うだけでは態度を改めるのが難しそうなので、具体的な“マイルール”を考えました。
『自分が人からされたくないと思うことは人にしない』
『自分が人からされたらうれしいと思うことを人にする』
これなら単純明快！
このルールを頭において行動するようになってからは、たまに心のクセが出てキレそうになることもありましたが、もう前のような自分に逆戻りすることはありませんでした。
自分で決めた“二度と後悔しないためのルール”が、今でも私を守ってくれているような気がします。
あなたも、自分を応援するマイルールを設けてみませんか？
それを冷静に、誠実に守りとおそうとするとき、あなたは自分を好きになる最短コースを歩いているんですよ。

自分が考えたとおりに
生きなければならない。
そうでないと、
自分が生きたとおりに
考えてしまう。

エミール・ブールジュ

あなたの目の前に広がっているのは、未知の世界！
自分の体験から得たデータも、他人の体験から引き出したデータも、過去を振り返るときには有効でも、あなたの未来を決定づけるには不十分です。

人生はよく山登りにたとえられます。
山に登ったことがある人ならわかると思いますが、高度が上がるにつれて、みるみる景色が変わっていきますよね。
どこまで登ると何が見え、気温はどんなふうに変化する…と、だれかに説明を受けたところで、実際に自分が額に汗して登ってみないことには、そこにしかない空気感も、登るにつれて深まっていく感慨も味わうことはできません。
人生もまったく同じだと思います。

もし、あなたが過去のデータを真に受けて「私はこの程度の人間だから」「自分にはとても能力がないから」と限界を設けてしまっているとしたら、それはとても残念なこと。
過去のデータを鵜《う》呑《の》みにすることは、あなたが秘めている可能性をあなた自身の手で摘んでしまうことになるのです。

物事が思うように運ばず、これまでにたくさん傷ついてきた人ほど、消極的になって守りの姿勢を取りがちです。
自分はまただれかに傷つけられるんじゃないだろうか…、今度失敗したらもう立ち直れないんじゃないだろうか…、そういった不安が行動を規制してしまうんだと思います。
けれども、守りに徹するようになったら、私たちは冒険をしなくなり、夢を追いかけることも止めてしまうでしょう。
失わないことだけを考えて生きる生活…。はたしてその先に、心ときめく未来があるでしょうか？

私たちはみんな、自分の夢を実現させるために生まれてきました。どんな環境で育っても、いくつになっても、人は夢を持って生きなければいけないと思うのです。
夢のあるところには“希望”があります。希望は、私たちが生き延びようとするとき、どうしても必要なものなのです。
人間は、たとえ無実の罪で捕まったとしても、不治の病にかかったとしても、そこにささやかな希望を見出すことができれば本能的に生き延びようとします。
ところが、何不自由のない生活をしていても、たとえ、自分のことを心から心配してくれる家族がいても、生きる希望を完全に断った者は死を考えます。
あなたは、将来を悲観し、夢を捨て、惰性で生きていくためにここにいるのではありません。
自分を信じ、希望に胸をふくらませて、こうなったらいいなと思うことを積極的に試してみるためにここにいるのです。
夢を叶えるために、「勇気を生み出す心」と「知恵を生み出す頭」を備えて生まれてきていることを忘れないでいてください。

あなたが人生の夢として描いていることはなんですか？
その達成に向けて進みつづける。それが“自分に与えられた命を生き切る”ということだと思います。
もし、その途中で終焉《しゅうえん》が訪れても、「自分は与えられた命を十分に生き切った」という自負があれば、人間はそれで本望なのではないでしょうか。
夢を達成するために、さっそくできることを探しましょう。
英会話が必要だったら、英会話スクールを見学にいくことから。資格が必要だったら、書類や資料を取り寄せることからはじめればいいんです。

そうして準備をしても、未知の世界に足を一歩踏み出すときは、虚空《こくう》に向かって飛び出すような不安を覚えるかもしれません。
それは当然のことだと思います。
でも、何もしないで終わってしまう人生より、何かに向かう人生のほうがどれだけ有意義かということを、あなたは気づいているはず。だから勇気を振りしぼってくださいね。

私たちは全員、人生という山を登るチャンスをもらいました。
山は、汗水たらして登りつづければ、一歩、また一歩と、かならず頂上に近づいていきます。
人生もいっしょ。汗水たらして少しずつ進んでいった結果、今まで自分にできなかったことが、ひとつでもできるようになることが、人間として尊いことなのです。
夢を叶えるとは、そういうことだと思います。
頂上にたどり着くルートはたくさんあるけれど、あなたの動機が純粋ならば、あなたが選ぶ道に間違いはありません。
気高い意志を持って頂上を目指してください。
いつか努力が実を結び、想像も及ばないような絶景を目にする日がきっとやってくるから。

愛

love

愛する、
それはお互いに見つめ合うことではなく、
いっしょに同じ方向を見つめることである。

サン=テグジュペリ

恋のはじまりは熱く、何をしていても相手のことが頭から離れないくらい夢中だったのに…。
付き合いが長くなると、「まめに連絡をくれない」といった不満や、「昔ほど大切に思ってくれていないような気がする」といった不安に襲われる人が増えてくるようです。

恋の情熱は、お互いを独占し合うことで燃え上がります。
そこにあるのは“奪い合う関係”。
これに対して愛は、それぞれの人生を仲良く並べて、ひとつの幸福な未来に向かって生きていくことだと思います。
そこにあるのは“補い合う関係”。
あなたの右手と左手が、何かをよこせと奪い合うなんてことはないでしょう？　右手と左手は、ひとつの目的のために力を合わせ、常に補い合って存在しています。これが愛し合う関係なのです。

あなたには、恋人やご主人といっしょに立てた「ひとつの人生目標」がありますか？
あるいは、相手の夢を自分の夢として隣に並べ、喜んで支えようという気持ちがどのくらいありますか？

「愛とは相手の自由を奪わないこと」と頭では理解しているけれど、実際には、相手が自分に合わせてくれることばかり望んでしまうという人は、“ふたりがいっしょにいるからできること”を増やしていくといいと思います。

たとえば料理や家具など、何か作るといった小さなことから、旅の計画や夢の実現といった大きなことまで、ふたりが力を合わせてできることを楽しみましょう。

楽しむことがポイントですから、意見がかみ合わなくてもガッカリしてはいけませんよ。あなたはパートナーに“性別の違うもうひとりの自分”を求めているわけではないはず。

ふたりは別々の環境で生まれ育ったのですから、趣向やセンスが違うのは当然。むしろ違うからこそ、意外性や可能性を発見できて世界が広がっていくんです。

「ふたつの人生の片方を相手に任せて、両方とも楽しもう！」と割り切ったら、もっと一体感が生まれると思います。

お互いが凸凹であることをおもしろがって、右手と左手のように補い合える関係を目指しましょう。

MAISON DE MODE

愛とは、
相手に変わることを要求せず、
相手をありのままに受け入れることだ。

ディエゴ・ファブリ

恋人や友だちに対して、こう思うことはありませんか？
「態度を改めてくれたら私だってやさしくできる」
「あの性格を直してくれたら言うことないのに…」
でも現実はというと、いくらあなたがそう願っても、相手があなたの思い通りになることはほとんどなく、イライラがつのっていって喧嘩になるのがオチかもしれません。
あなたのなかに、相手の気に入らないところを責める気持ちや自分だけがガマンさせられているという被害者意識がある間は、愛は見つからないと思います。

仮に、あなたがある芸能人の熱烈なファンだとしたら、その人が今がんばっていることや将来したがっていることを、一生懸命応援しませんか？
もしあなたが手を差し伸べることで、その人の弱点をカバーしてあげられるとしたら、喜んで協力しませんか？
ひとりの人間を愛するということは、その人の欠点と思《おぼ》しきものも丸かかえで " その個性のファン " になることなのです。
「あなたはそのままでいい。ありのままのあなたが好きよ！」
「私はあなたの魅力を知ってる。だれがなんと言おうと、私はあなたの世界一のファンです！」という気持ちが愛です。

ではここで質問します。
あなたは自分自身のファンでいられていますか？
「こんな自分じゃなかったらもっと愛せるのに」「ここがダメ」「あそこを変えたい」と文句ばかりつけていませんか？
あなたをはじめ、恋人や友だち、家族が「今、そうなっている」のには、すべて理由があります。その理由を「気に入らない！」のひと言で片づけないで、気持ちを汲み取ってあげること。その気持ちになって包み込んであげることが愛するということだと思います。もし、ありのままの自分をそんなふうに愛してあげられたなら、責められつづけてきたあなたの心はどんなにやすらぐことでしょう。
心は、あなたが追い込んで不安にさせなければ、本来のやさしさや素直さをちゃんと発揮しますよ。
私たちは自分を愛するようにしか人を愛せないと言われます。
まずはあなたが、あなた自身の一番のファンになってください。それから順に、まわりにいる人たちのファンになってエールを送り、愛の輪を広げていきましょう。

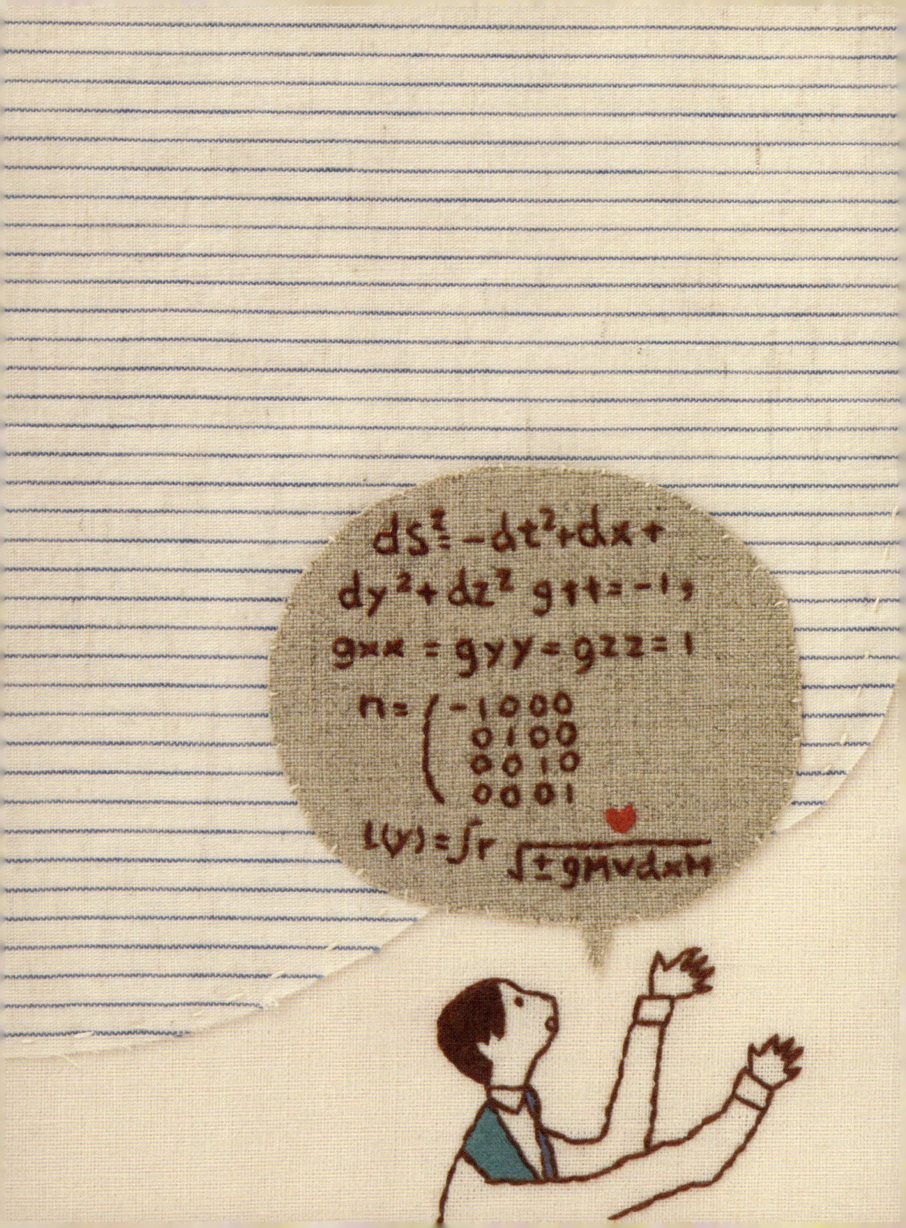
ds²=-dt²+dx+
dy²+dz² gtt=-1,
gxx=gyy=gzz=1
n=(-1000
0100
0010
0001
L(γ)=∫r √±gμνdxμ

どれほどと計算できる
愛は貧困なのである。
ウィリアム・シェークスピア

学生時代、友人同士でたわいもない会話に花を咲かせ、恋人についてよくこんな質問をしたものです。
「彼のこと、どのくらい愛してる?」「どんなところが好き?」
私はご機嫌で、「まあまあ愛している」「明るいところが好き」なんて答えていました。
はたして実際に「まあまあ」という愛があるでしょうか…?
暗く沈んでいるときの恋人は嫌いだったのでしょうか…?
自分の返事を思い出すたびに苦笑してしまいます。

あれから30余年の歳月が流れ、今では愛ほど崇高《すうこう》で、偉大で、計り知れないものはないと感じています。
「このくらい好き」と愛を量で計ったり、「こんなところが好き」と愛に条件をつけたりするのは、恋のかけ引きに揺れる情念。
裏切られたら憎しみに変貌《へんぼう》し、その条件がなくなったらしぼんでしまうような感情は、愛とは呼べないと思います。
では、恋愛感情を超えた“愛”とはどんなものなのでしょうか。
私たちが放つことのできる愛は、だれの胸のなかにも、枯れない泉のようにわきつづけています。
それが、海よりも広くて深い“慈しみの心”。

その愛のほとばしりをふさいでしまうものが、自分の欲望を満たそうとする「我」なんですね。
我の代表は、「それが欲しい。与えられたい」という執着心と、「それはイヤ。避けたい」という嫌悪感。
私たちはこのふたつの感情に負けて他人とあつれきを起こし、尽きることのない苦しみを生み出しています。
他人に対して「与えよう」「認めよう」という気持ちはあるのに、それよりも執着心や嫌悪感が勝ってしまうために、愛の流れが止まってしまうんです。

人に「ありがとう」と言える人生もいいけれど、人から「ありがとう」と言われる人生を生きられたら、もっといいと思いませんか？
それには、あなたが持っているものを、人のために惜しまず投げ出す気持ちが大事です。
持っているものとは、あなたの労力、時間。究極は命。
どれも、限りのあるとても貴重なものばかりです。
だからこそ、捧げるほどにあなた自身が愛に満たされていき、心豊かに生きられるようになっていくのです。

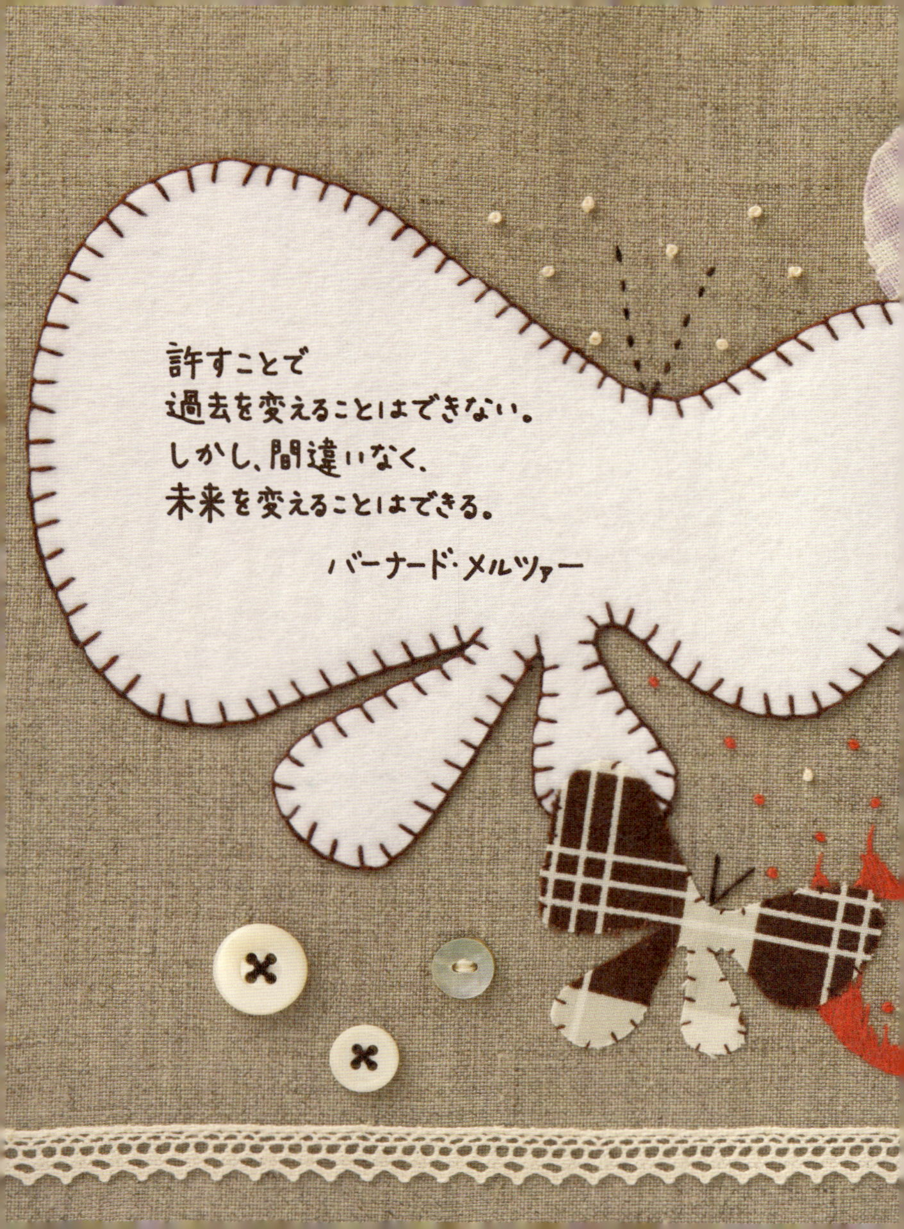
許すことで
過去を変えることはできない。
しかし、間違いなく、
未来を変えることはできる。
バーナード・メルツァー

許せない人がいる生活というのは、とてもつらいものです。その人から浴びせられた許せない言動の記憶が、一度えぐられて傷ついた心を、いつまでもチクチクと攻撃するからです。

私にとって許せない人は、最初の結婚相手でした。
愛人と隠し子がいたことが発覚して別れましたが、離婚すれば心の痛みが消えるというものではありません。
何度も頭のなかで過去の場面を映し出しては苦しんでいました。前を向いて歩きたくても、後ろから袖を引っ張られているような腹立たしさがついてまわり、ますます憎悪がふくらみます。そんな自分がイヤでしたし、そんなことのくり返しが人生を停滞させていることにも気づいていました。

あなたはこんな経験はありませんか？
実際に不愉快な言葉を聞いたのは１回だけなのに、その言葉を何十回もくり返し思い出すうちに怒りが収まらなくなったこと。実は、これが苦しみを増幅《ぞうふく》させるメカニズムなんです。
そこで私は、許せないという感情はもう放っておいて、その代わり、自分が味わった“悲しみの体験そのもの”を許そう。

ぜんぶを意味のある体験と考えよう、と思ったのです。
過去の出来事を“意味のある体験”という発想で捉えたら、おどろいたことに、私のなかでうなり声を上げていた苦痛と悲しみが小さくなって、別のやさしい未来が見えてきました。
記憶は変えられなくても、記憶にまつわる感情は変えられる。すると、あっというまに自分の未来図も変わる…。こうして未来に希望を見出した私は、苦しみから抜け出しました。

あなたの未来よりも大切な、あなたの過去などありません。
過去のイヤな出来事は、イヤな思いをした自分を許し、受容するためのレッスン。それは、あなたがひとまわり大きくなってより良い未来を手に入れるために用意されたものなのです。
その意味で「人生には、つらい体験はあっても、無駄な体験はひとつもない」ということを覚えておいてくださいね。
“許し”を別の言葉で表現すれば、“愛”になります。
自他を許し、心にこびりついた憎しみを解き放って自らを癒すこと。それが“自愛”なのです。
根深い怒りの記憶から、一日でも早く自由になりましょう。
そして軽やかに、明るい未来に向かって飛び立ちましょう！

愛情には一つの法則しかない。
それは愛する人を幸せにすることだ。

スタンダール

私たち人間は、愛を知り、愛を放って生きるために生まれてくるといっても過言ではないと思います。
まず、自分の愛する人を幸せにすることからはじめましょう。
あなたが「愛する人を幸せにする喜び」に目覚めることは、同時に「人間に生まれた喜び」に目覚めることでもあるのです。

これからは愛する人を幸せにすることを最優先し、迷ったときは「相手にとってはどっちが幸せだろう？」と考えて動くようにしませんか？
そう言われると「それじゃ、私の幸せはどうなるの？」という気持ちがわくかもしれません。でも、あなたの胸にたしかな愛があるなら、お互いの幸せが別々に存在するということはないはず。相手の幸せは自分の幸せに、自分の幸せは相手の幸せにつながっているのが自然な形だからです。

そもそも幸せは、自分ひとりでなれるものではありません。
もし、あなたの愛する人が不幸のどん底にいたら、あなただけが幸せでいることは不可能でしょう？
どんな気持ちも分かち合えることが“幸せの原点”です。

とはいっても、病苦や絶望をあなたが肩代わりすることはできませんから、「愛する人が苦しんでいるのに何もできない…」と打ちひしがれることもあると思います。
でもどんなときでも、あなたにできることはあるんですよ。
愛する人のために一心に祈ることです。
「あの人が、勇敢に苦難に立ち向かうことができますように。そして、かならず心の平安を取り戻せますように…」と。
もうひとつ大事なことは、その人にそれをやり遂げる力があることを、あなたが強く信じてあげることなのです。

この世の中には、目に見えなくても偉大なものがたくさんあります。そのひとつが、信じるという愛の力なんですね。
あなたの祈りは、時空を超えて愛する人の心の深奥《しんおう》に響き、きっと相手は無意識のうちに癒されていくと思います。
もしかしたら、人間に与えられた使命のひとつは、愛の力でほかの人をひとりでも幸せにすることなのかもしれません。
「世界の人々の幸せが自分の幸せ」と感じるようになったら、きっと、生きとし生けるものすべてのために祈らずにはいられない気持ちになるでしょう。

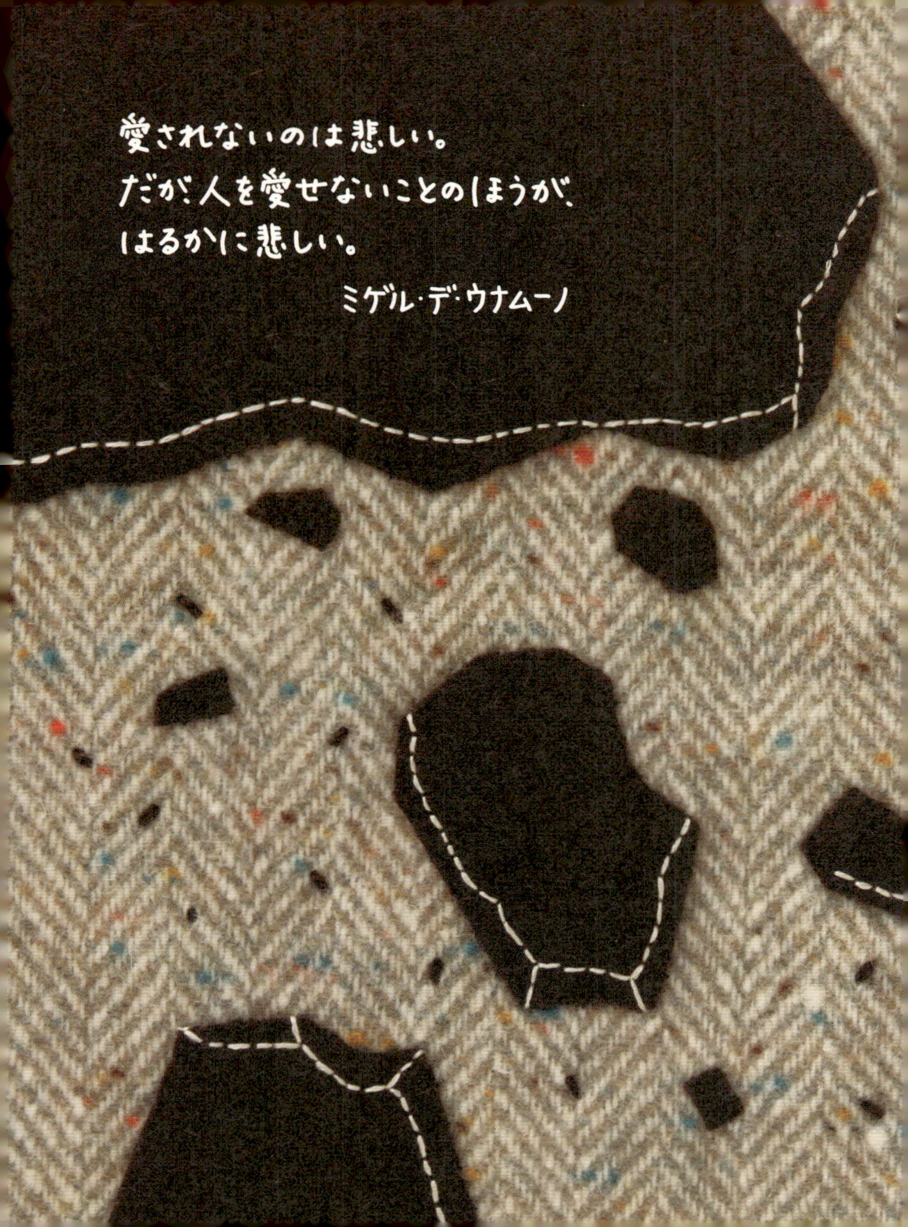
愛されないのは悲しい。
だが、人を愛せないことのほうが、
はるかに悲しい。
ミゲル・デ・ウナムーノ

「結婚するならどっちがいい？　自分が愛して結婚するほうか、それとも愛されて結婚するほうか」

女の子同士、あなたも一度や二度はこういう会話で盛り上がった経験があるのではないでしょうか。

私も思春期に仲間とよくこの手の話をしましたが、ほぼ全員、「愛されるほうがいい！」と言っていたことを覚えています。

それくらい、心から愛されることに強烈なあこがれを抱いていたのでしょう。

私もそのひとり。だんぜん愛されるほうがいい！　愛されるほうが幸せになれるに決まってる！　と思い込んでいました。

だから好きな人にフラれたときは、「君は愛されるに値しない」と烙印《らくいん》を押されたような気がして、すっかり落ち込んでしまいました。そのとき目に飛び込んできたのが——

愛されないのは悲しい。

だが、人を愛せないことのほうが、はるかに悲しい。

胸を突き刺す言葉だったけれど、その一方で「悲しんでないでガンバレ！」と励まされたように感じたのです。

「順番を間違えちゃいけないよ。人から愛されることを望む前に、人を真剣に愛せる自分を創ることが先決。そのために懸命に自分を磨きなさい」と。

まわりを見渡せば“自分を磨く”のは愛されるため。苦労してダイエットするのも、エステに通うのも、習い事をするのも、すべては愛されて結婚したいがため、でした。
「そうじゃない。先に磨くのは中身のほう。人を心から愛することのできる感性を養うことが、何よりも大事だったんだ！」とようやく気づいたのです。

それからは多くの時間を“感性を磨く”ことに費やしました。
映画を見るときも、それまでは愛される側に自分を投影してうっとり見ていましたが、これを機に愛する側の立場になって「愛の本質は何か」を研究しました。
感性を磨くには、自分の気持ちを深く掘り下げ、本音を探り当て、受け入れていく必要がありました。
その過程で、切り裂かれたままでいる心の傷を見て悲しくなったことも、エゴの強さにげんなりしたこともありましたが、本当の自分を知って理解していく作業は楽しいものでした。

こうして私は自分をとおして人間というものを理解し、人を愛することの意義を学んでいったのです。

私たちは往々にして“愛されない不幸”をなげき、愛されないことは悲劇だと決めつけますが、それだと、自分の幸せを「愛してくれるだれか」に依存することになってしまいます。
あなたの“愛する幸せ”はあなたのもの。それは、あなたひとりでいくらでも広げていける最高の喜びなんです。
その喜びを謳歌《おうか》するには、愛をたたえる心の器を用意しなければなりません。用意といっても、だれでもそれをすでに持っているんですよ。ただその愛の器は放っておくと「濁り」ますから、これをキレイにすくってあげればいいんです。ここで言う濁りとは、「だれかに認められたい」と他人にすがる思いが生み出している恐怖心です。ひと言で表すなら、自信のなさ。それを消し去りましょう。

今どのくらい自信があるのか、ないのか、そんなことは関係ありません。重要なことは、あなたが“自分の尊さ”を自覚すること。

たとえば赤ちゃんを見て「かわいいなぁ」と感じるなら、あなたには「かわいい」と受け止める感性があり、愛があります。そんな愛を備えていることがいかに尊いことか、それを自覚してほしいのです。
すでに自分のなかには愛がある。このことに自信を持ってください。そうすれば、愛されたいからオドオドと愛するのではなく、愛があるから堂々と愛するあなたが生まれると思います。

結婚は、"愛する幸せ"を育むためにあるのかもしれません。ですから、愛されつづけるために結婚すれば、やがては「こんなはずじゃなかった」と思い悩むようになるのでしょう。
ふたりがどんなに固く誓い合っても、情熱は冷めていきます。万物が変化するように、感情もまた移り変わっていくからです。しかし、それはなげくことではなく、感情をより高尚《こうしょう》なものに熟成させる好機。恋愛感情から「恋」が薄らぎ、「愛」が色濃く表れてくる時期なのです。
自分を二の次にすることで、その愛を深めていきましょう。
そして、"こんなにも深く人を愛することができた自分"を発見し、言葉にならない幸せをかみしめてください。

勇気

courage

BUS

生きるとは
呼吸することではない。
行動することだ。

ジャン＝ジャック・ルソー

だれかを好きになったら、その気持ちを伝えなければ恋愛は前に進みません。
仕事にいき詰まったら、その問題を解決するためになんらかの行動を起こさなければ、いつまで経っても足踏み状態です。
「生きること」そのものが、これと同じだと思います。

何につけても「でも…」とか「今じゃなくても…」と二の足を踏んでしまう人は、ひょっとしたら頭のなかだけでシミュレーションしているのかもしれませんね。
すると、うまくいかない場合を考えて防衛心が働き、どうしても理屈が先に立って、行動は後まわしになってしまいます。
シミュレーションに明け暮れて未来に期待することは、だれかを好きになって、その気持ちを伝えないまま、いつかは結ばれることを願っているようなもの。
人生のコマを進めたいと思うならば、やはりなんらかの行動を起こすしかありません。

物事は、うまくいくからやる価値があるのではなく、うまくいくまで何度でもやるから価値があるのです。

わずかな時間であっても、取り越し苦労に追われて過ごすことは本当にもったいないと思います。
これからは「ひとつ考えたら、ひとつ実行する」ように心がけましょう。そうやって考える時間よりも行動する時間を増やしていくと、行動するなかで“感じる時間”が生まれてきます。
考えている間は理屈の世界に身をおいていますが、感じる時間が生まれると“ひらめきの世界”を体験します。
次に何をするべきか、問題をどう改善していくか、そういったアイデアがピーンとひらめいて、机の上では得られなかった知恵を得ることができるのです。

ひらめきとは、宇宙の叡智《えいち》を受信すること。
あなたが潜在能力に目覚めるのはそんなときで、それはワクワクするようなときめきや感動をもたらすでしょう。
この叡智を使いこなして生きていくほうが、人生はきっとうまくいくと思います。
さあ、行動するあなたになりましょう！
そして、降り注いでくるひらめきとともに胸に広がる喜びを、1分でも1秒でも長く感じながら生きていきませんか。

あなたが
「できる」と思おうと、
「できない」と思おうと、
どちらも正しい。
ヘンリー・フォード

『人生で体験することは、どんなことでもすべてに意味があり、すべて正しい』と言われます。
体験は、私たちひとりひとりの“あり方”が生み出すもの。
あり方とは、考え方や態度。それを理解して自分のあり方を進歩させることが、人生をより良くすることだと思います。

営業の仕事をしていた友人が、「お客さんとの約束を果たせなかったために、信用を失ってしまった…」とひどく落ち込んだ様子でやってきました。
「また同じ失敗をくり返すかもしれない。自分はこの仕事に向いてないんだろうか…」と肩を落とします。
しかしよくよく聞いてみると、彼は営業の仕事が好きで最初は天職だと思ったほど。だから、できればつづけたいと言うのです。問題は、今はいい仕事が「できる」と思えないことにありました。かといって「できない」と思ってやりたくないから、どうすればいいのかと葛藤していたんですね。

物事が思うようにいかなくて、すっかり自信をなくしてしまうことが、あなたにもあると思います。そのときに大切なことは、自分がしたいことを「できない」と決めつけないことです。
自信はないにしても、「できないかもしれない」と思ってやるのと、「できるかもしれない」と思ってやるのとでは、まるで気合いが違ってきます。「できないかもしれない」のあとには「できないなら、やりたくない」という感情がついてまわりますが、「できるかもしれない」という気持ちを奮い起こせば「よし、やってみよう！」という前向きな気持ちが芽生えてきます。この明と暗が、そのまま結果に現れてくるのです。
なぜなら、あなたが自分に言って聞かせる言葉には“言霊《ことだま》”が宿っているから。肯定的で明るい言葉は、可能性や能力を引き出す力を持っているのです。

暗い言葉を並べてウジウジ迷っている自分より、勇敢で勢いのある自分のほうが楽しいと思いませんか？
あなたが何かをやってみるときは、自信のあるなしにかかわらず「できるかもしれないからやる！」と肝に銘じましょう。それで気持ちが自然に盛り上がってくるのを一度でも実感すれば、次からはさらにモティベーションアップを図って、「できるからやる！」と気合いを入れたくなりますよ。

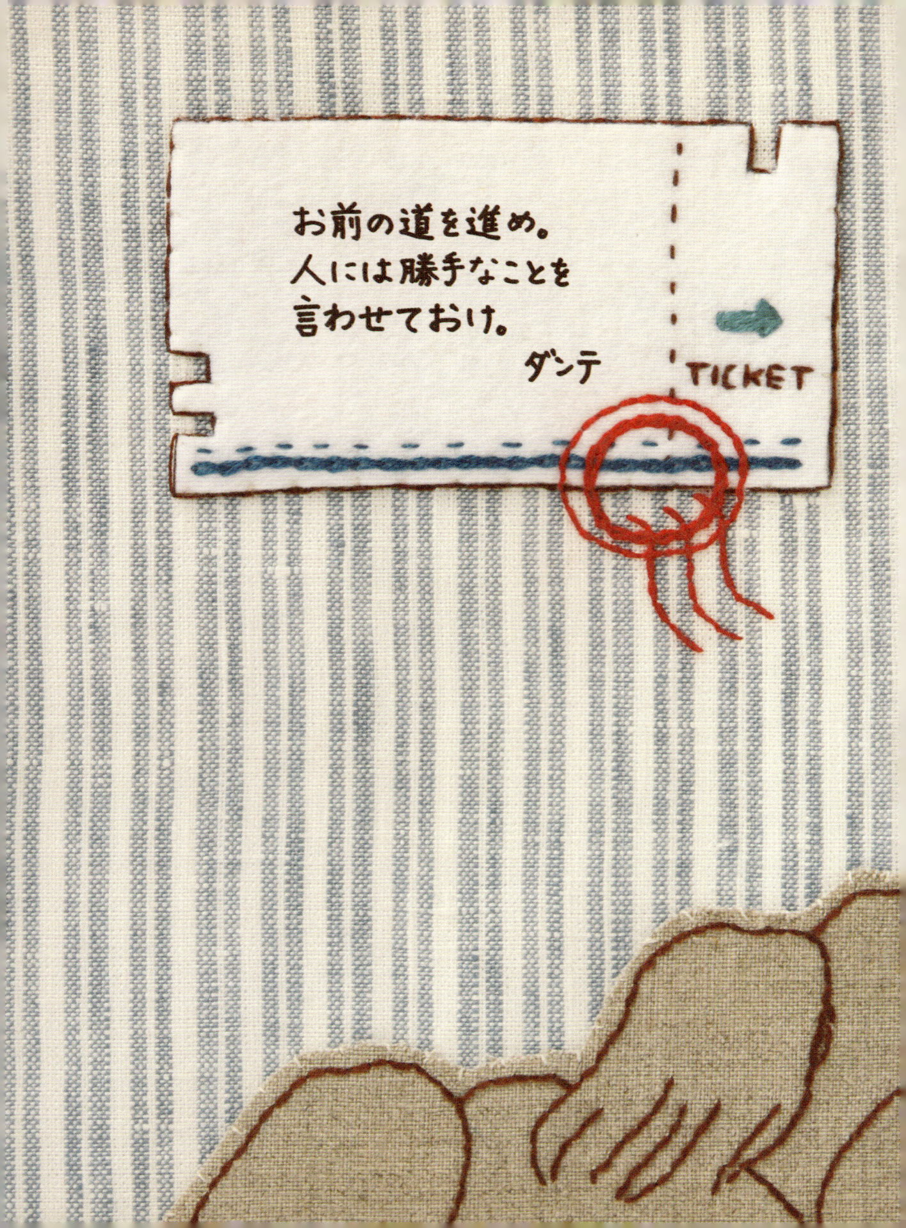
お前の道を進め。
人には勝手なことを
言わせておけ。
ダンテ
TICKET

朝起きてから夜寝るまで、何を着るか、何を食べるか、何をするか…人生はめくるめく選択の連続です。
ときには大きな決断も下さなければなりません。
どこに就職するか、転職するか、あるいは結婚するか、別れるか…そのたびに迷います。まわりから、ああでもないこうでもないと言われれば、心はますます揺れ惑うばかりです。

「アナウンサーを辞めてアメリカに留学したい」と私が言い出したとき、いろんな人の意見に頭が混乱しました。
「アナウンサーを辞めるなんてもったいない！」
「若い娘が、知り合いもいない国で暮らすのは危険過ぎる」
「若いときの海外経験は、代えがたい財産になると思うよ」
「帰ってきてからどこに就職するつもり？」
「25歳にもなって、結婚はどうする気でいるの！」…
みんなが私のことを心配して言ってくれているのはわかっていましたが、「私の気持ちはどうなるの!?」と叫びたくなりました。
あきらめたくない。あきらめ切れない。ここであきらめたらきっと後悔する…そんなとき、運命の言葉と出合ったのです。
お前の道を進め。人には勝手なことを言わせておけ。

これは偶然じゃないと思いました。それまでは非難におびえ、人の意見に惑わされて地団駄《じだんだ》を踏むことも多かったのです。

私はまるで千人の味方を得たような心境で、このひと言に背中を押されて自分の道を選びました。

あなたの人生は、あなた自身が選択すれば“あなたの道”になります。

他人の意見は、単なるチェックポイント！「こう言われても、自分はこの道を選ぶのか？」と考えるための材料にとどめておきましょう。そうすれば、チェックポイントを通過するごとに自分の意志がよりたしかなものになっていくと思います。

信念を持って自分の道を進むときの胸の高鳴りは、何ものにも代えがたい喜びです。だからこそ、その途上で起こることにはいっさいの責任を負う覚悟を持ってください。

その覚悟さえあれば、あなたは選び取った人生を自由に生きていくことができます。

たとえ、理不尽な目に遭って行く手をはばまれたとしても、だれのせいにもしなければ、運命の女神はかならずあなたに微笑み、新たな道を拓いてくれるでしょう。

何かをしたい者は手段を見つけ、
何もしたくない者は
言い訳を見つける。
アラビアの格言
GATE

鬱々とした気分でいる人は、本当はやる気満々なんです。
でも、やることが空まわりしたり、何をすればいいのかわからなくて何もしないでいるうちに、心が失速してしまうんですね。
逆に、なんにもやりたくないという無気力な人は、鬱々とした気分にはなりません。そんな自分を責められないように「仕方ない」「○○が悪い」と『言い訳』ばかり言っています。

何かをしたい人は、「なんとなく人生がおもしろくない。何かやりたいことを見つけたいんだけれど、それがわからない…。かといって、このまま終わるのはもっとイヤ！」と訴えます。
そういう相談者からは、自分が不完全燃焼に陥っている焦りや苛立ちが噴き出しています。もしもあなたがそのひとりだったら、不完全燃焼の原因は、仕事や環境といった対象物にあるわけではないことを理解してください。

モヤモヤしているのはあなた自身。原因は、あなたの心の使い方にあるんです。だから心をうまく燃焼させてあげれば、鬱々とした気分は、たちどころに解消しますよ。
方法はいたって単純です。モヤモヤしているヒマがなくなるくらいひとつのことにのめり込むこと。
ここで足踏みしてしまう人は、何かする前に「これは、自分がのめり込む価値のあることだろうか？」といちいち考えてしまいます。でも、自分にとって価値があるかどうかは二の次でいいんです。とりあえず、目の前にある“あなたがやるべきこと”に打ち込んでみてください。ひたすら没頭してください。それが心を完全燃焼させる『手段』なのです。

たとえば、お茶を入れる、掃除をする、道を歩くとき。あなたが集中することは、おいしいお茶を入れる、部屋をピカピカにする、足の裏に地面の感触を感じることだけ。ほかにあれこれ思いをめぐらせないで、心をぜんぶそのことに使うんです。
すると、「やってられない」「つまらない」という意識が消えて、滞っていた“気”がサラサラと流れはじめます。
これが心の詰まりを押し流して、運気の流れを良くする手っ取り早い方法なんです。
日常生活のひとコマひとコマに心血を注ぎ、何をするにも「手を抜かない」あなたが現れたら、心の準備が整って自分が本当にやりたいことが明らかになりますよ。

わたしは、実験において
失敗など一度たりともしていない。
これでは電球が光らないという発見を
2万回してきたのだ。

トーマス・エジソン

10年前、私には自分の人生を懸けてチャレンジしようと決めたことがあります。それは“いい本を書く”こと。
最初の数年は、「次はこんな体験を書こう」「もっとこんな内容を取り入れてみよう」という工夫の連続でした。
ところが、追われるようにして毎日パソコンに向かううちに、ルーティンな雰囲気がただよってきたことに気づいたのです。
ここで新たな課題が生まれました。
何冊書こうとモティベーションを下げないようにするにはどうするか——。思ったように筆が進まないとき、イメージした作品ができないとき、いかにして100%の力を出せるように持っていくか——。
体調管理はもちろんですが、もっとも重要なことは、今この瞬間にすべてを懸けられるよう、人間としての完成度を高めていくことだと思いました。心が老いてしまったら、ときめきつづけることはできないからです。

私はどちらかというと飽きっぽい性質、なんでも三日坊主のほうなんです。これほどまでに情熱を傾けてひとつのことに当たったことはありません。

それがいまだにつづいているのは、単純に「この仕事が３度のご飯より好き」で、自分のすべてを捧げたいという熱い想い、つまりは強い意志があるからだと思っています。
あなたが人生を懸けてやりたいと願うことはなんですか？
とにかくそれが好きで、その世界にときめきを覚えるのなら、今ある熱い想いをしっかり胸に沁み込ませてください。
そして、そこに惰性、あきらめ、飽きの感情を入り込ませないよう、強い意志を育てましょう。そのためにも、人生を懸けたいものに出合えたことへの感謝を忘れてはいけません。
そこがあなたの原点であり、その気持ちが壁にぶち当たっても乗り越える力を与えてくれるからです。

チャレンジする者にとって、失敗という言葉は存在しません。
どんな経験も、それは成功に近づくためのプロセスに過ぎず、決して無駄にはならないからです。
失敗をおそれたり、小さな成功に固執して守りに入ることは、せっかく生まれた熱い想いに水を注ぐようなものです。
純粋に燃える自分を貫いて、人生に幕を下ろすそのときまで、チャレンジャーでいましょう！

神様、
自分では変えられないことを受け入れる平静さと、
自分に変えられることは変える勇気と、
そして、それらを見分ける知恵を
お与えください。

ラインホルド・ニーバー

生きていれば、自分ではどうすることもできないアクシデントに遭遇することがあると思います。たとえば、天災、大病、事故、倒産、リストラといったことがらです。
自分がどんなにもがこうが、がんばろうが、何ひとつ変わらない…。この現実は私たちを苦しめます。

この苦しみから抜け出すには、「どうすることもできないことに対するマイナスの気持ち」を変えるしかありません。
そのアクシデントによって生まれた絶望、恐怖、憤《いきどお》り、恨みといった感情を捨てて、その渦から抜け出すことでしか自分を救う方法はないのです。
そのためには、すでに起きてしまったことを冷静に見つめる目が必要です。

人間は、そうして現実を受け入れ、たくましく生きると覚悟を決めたときから“真の勇者”になれると思います。
不運をなげき、ふさぎ込んでいた態度を改める努力をするならば、その人は、きっとそれまでよりも平穏な人生を歩めるように生まれ変われる、と私は信じています。

かつて、乳がんを告知された友人が失意のどん底にいたときのことです。
まだ20代だった彼女は、ショックのあまり自暴自棄になって「死んだほうがまし！」と口走り、生活態度は荒れ、まわりの人たちにもめちゃくちゃな応対をしていました。
そんな彼女が、術後にはとても穏やかな表情を見せて「自分が取った態度は間違っていた。心の使い方を間違えてパニックになってしまって…。今、心には自分を支えてくれた人たちと神様への感謝しかない」と語ったのです。
そこには、病を謙虚に受け止め、命ある限り精一杯生きようとする“生まれ変わった”彼女がいました。

神様、自分では変えられないことを受け入れる平静さと、
自分に変えられることは変える勇気と、
そして、それらを見分ける知恵をお与えください。
この言葉で魂が目覚めたと彼女は言っていました。
私はすっかり感動してボロボロ泣いてしまいました。
どれほど大きな苦しみだったことでしょう…。でも人間はすばらしい。人間だけが自分の苦しみに意味を見出し、そこからふ

たたび立ち上がって力強く生きていくことができるのです。

考えてみれば、私たちが苦しみにあえぐのは、こうしたアクシデントに見舞われたときだけではないと思います。
“自分では変えられないこと”にぶつかってオロオロする場面は、ふだんの人間関係から仕事に関することまで数限りなくあるでしょう。
そこで“自分に変えられること”をひとつでも見つけ、改善しようとする姿勢はすごく大切ですが、このときぜひ知っておいてほしいもうひとつの言葉があります。
それは「自分の良かったときを基準にしない」。

イヤなことが起こり、もうダメかもしれないというときに限って、なおさら良かったときのことを考えてしまう…。そういうことはありませんか？
「あれは良かったなぁ」「あのときはうまくいったのに…」と比較をすると、余計につらくなるんですね。
私もそうでした。知らないうちに「良かったとき」を基準にして人生を眺めていたのです。

そうなってしまったのは、良かったときに執着したからですが、現実は不本意なことのほうが多いもの。
年中、良かったときに心を残していたら、ぼやきや不満ばかりが増えていって自分が苦しくなるのは必至です。
過去と比較することが、心をどんどん卑屈にすると身をもって知った私は、「一生涯で受け取るものは、いいも悪いも半分ずつ！」と割り切って考えるようにしました。
それからというもの、不調のときやイヤな目に遭ったときは、「今はこれを体験するときなんだな」と腹をくくれるようになりました。また、好調のときやラッキーなときは、ありがたさが身に沁みて、いっそう幸福を感じられるようになったのです。

あなたの人生に現れる出来事を、いつもニュートラルな目で捉えるようにしましょう。
そうすれば、心のバランスを保つことができます。いっときの感情に押し流されないで、その場に応じた冷静な判断ができるようになると思います。
そのとき、自分に変えられることと変えられないことを見分ける知恵を活かして生きていけるようになるのです。

人生

life

涙とともにパンを食べたものでなければ、
人生の味はわからない。
ゲーテ

「すばらしい人生にしたい！」とだれもが願って生きています。でもそこで、「すばらしい人生を手に入れるには強くならなくちゃいけない」「泣いているヒマなんてない！」という思いにかられてしまうと、“楽しく生きられない自分”を創り出してしまうかもしれません。

20～30代のころ、私は肩肘を張って生きていました。
つらくても悔しくても泣かないこと、弱みを見せないで勝ち抜いていくことが強く生きることだと思っていたのです。
傷つき、悲しみが押し寄せても、人前で声をあげて泣くのは恥だと思っていたので、人目をはばからず泣く人を見ると、こっちがイライラするくらいでした。

今はまるで違います。おもしろいときはケラケラ笑い、泣きたいときは気がすむまでオイオイ泣きます。そうなったのは、思いっ切り泣くことの重要性を知って考えを改めたからです。
人間は感極まれば、悲しくても、みじめでも、悔しくても涙がこみ上げる生きものですが、その涙というのは、言葉にならない「負のエネルギー」の噴出なんですね。

だから、もしあなたが心に張り詰めた負のエネルギーを無理矢理抑えつければ、つまり泣くことを拒否しつづければ、心は耐え切れなくなって、次第に壊れていってしまうでしょう。
決して、泣かない人間が強いわけではありませんよ。
あなたが流す涙には、「心の痛みを洗い流して魂を浄化する」という大きな役目があるのです。涙が出そうになったら、止めようと思わないで、泣けるままに任せましょう。
そうやって自分の感情を素直に受け止めていくと、やがて立ち直ろうとする前向きな力がムクムクとわき上がってきます。
それこそが、人間の真の強さだと思います。

もしかすると、私たちは一度は絶望の淵に突き落とされるような体験をするようになっているのかもしれません。そこから這《は》い上がることでしか得られない「気づき」があるからです。
最初は苦しくてたまらずこぼした涙が、人々の温もりに触れて励まされていくうちに、いつしか感謝の涙に取って代わるようになる…。それは多くの人が体験することです。
あなたが流す涙は、こうしてあなたの心を強く、また温かくなるように育ててくれるのです。

最も強い者が
生き残るのではなく、
最も賢い者が
生き延びるのでもない。
唯一生き残るのは、
変化できる者である。

ダーウィン

INNOCENT

私たちが内側から輝いて、元気良く人生を歩みつづけるには、「頭を柔らかくして、心のゆとりをなくさない」ことがとても大切です。そこで私はふたつのことを実行しています。

ひとつ目は、『小さなことにこだわらない』。
高齢者に長寿のヒケツをたずねると、10人に9人が「クヨクヨしないことですよ」と答えます。
それは、必要以上に悩まないということなんですね。
クヨクヨ悩んでいると焦りはじめ、苛立ってきます。イライラするのは体に毒で、しかもその毒は他人に伝染します。よく「あの人の毒気に当てられた」と言いますが、あなたも苛立っている人には近寄りたくないと思うのではないでしょうか。
そうならないようにするには、頭を柔らかく保って、小さなことにこだわらないのが一番！　具体的には、大きなことを引き合いに出すと案外うまくやり過ごせますよ。
私は自分がクヨクヨしかけると、声に出して「生きているだけでも儲けもの！」と言います。自分がこの世に生かされている奇跡を考えれば、ちょっとやそっとのアクシデントなんてどうってことないと思えるもの。あなたも試してみてください。

ふたつ目は、『自分のいたらなさを笑っちゃう』。
いたらなさを笑っちゃうことは、自分を責めたり悔やんだりして追い詰めない、心身にとてもやさしい行為だと思います。ドジやヘマを笑いに変えることによって、ありのままの姿を容認することができるからです。
たとえば、手を滑らせて食器を割ってしまったとき、しかめっ面をしないで笑っちゃうと、「食器が惜しい」とか「片づけるのがたいへん」という気持ちが吹き飛びます。そして「形あるものはいつか壊れる」と思うゆとりが生まれるんですね。
道を間違えて遠まわりしてしまったときも、腹を立てずに笑っちゃえば、自分を責めないですみます。代わりに、そこでしか見られない景色を楽しむことができるかもしれません。

何事においてもあまり深刻になり過ぎないで、笑い飛ばせるだけの余裕とおおらかさを持ちましょう！
「どうしよう…」とうろたえて表情が固まったときは、意識的に笑って表情をくずすことで、心の緊張もほぐせますよ。
こうして、心と体を常に柔らかくしておくことが、内面から美しくなれるヒケツだと思います。

人生を楽しむ秘訣は
普通にこだわらないこと。
普通といわれる人生を送る人間なんて、
一人としていやしない。
アルバート・アインシュタイン

私はカウンセラーになってびっくりしたことがあります。
それは、「嫌われるといけないから普通にしていよう」と考え、自分を抑えている人たちがなんと多いことか！
成功や名誉を求める人がいる一方で、そういうものは得られそうにないからいらない。その代わり、“普通の人生”を望むという人たちも案外多いのです。

ここにふたつの問題が浮かび上がってきます。
ひとつは、もしあなたが人と足並みを揃えて無難に生きることを優先すれば、いつも人の出方や様子をうかがって生きるようになってしまう点です。
他人の動向があなたの人生を左右するということは、あなたの幸せは他人によって牛耳られるということなのです。

もうひとつの問題は、“普通の人生なんて本当はどこにもない”ということにあなたが気づかない点です。
顔や性格がひとりひとり違うように、人生に起こることも、それに対する反応も千差万別です。
その意味で、ひとりひとりの人生は、はなから個性的、波乱万丈、唯一のものなんですね。
つまり私たちは、もともと予測できない、アップダウンに満ちた一度きりの人生を生きているということ。
そこであなたが定番の人生を探して普通に生きようとしても、うまくいくはずがないと思いませんか？

あなたは、独自の人生を自由に生きればいいんです。
はなから波乱万丈ならば、なおさら他人に迎合《げいごう》する必要はないと思います。
それは、他人を顧《かえり》みないということではありませんよ。
お互いがお互いの生き方を尊重し、人にへつらったりこびたりしないということです。これができれば、それぞれの人生を大切に思えるようになるでしょう。
そこで感じる喜怒哀楽は人生の彩り、欠くことのできないエッセンスです。そのエッセンスをちりばめた連続ドラマのなかであなたは毎日を生きています。
やりたいことができないで終わる人生より、今心に点火して、あなたの情熱でドラマを展開させませんか。
そして、ただ一度の人生を本気で楽しみましょう！

念ずれば花ひらく

坂村真民

念ずれば
花ひらく

苦しいとき
母がいつも口にしていた
このことばを
わたしもいつのころからか
となえるようになった
そうしてそのたび
わたしの花がふしぎと
ひとつひとつ
ひらいていった

『詩集 念ずれば花ひらく』（サンマーク出版）より

この詩は、私の敬愛する仏教詩人・坂村真民さんの作品です。私はこの言葉たちに出合って身震いするほどの感銘を受けました。ちょうどそのころ、自作の詩をつづったメッセージブックを出したいという願いがやっと叶い、『元気を出して』（PHP研究所）を出版したばかりだったのです。
それまでは、空を仰いでは祈りつづける日々でした。

「どうか力を授けてください。私に残された時間のすべてを懸けて、人々の心を癒し、勇気と希望を与えられる詩を書いていきたいんです。そのために必要な体験ならば、どんなことでも甘んじて受け入れます」と。
一心に念じるということは、愚痴を言わず、へこたれず、その目的に向かってひたすら励む自分がいるということです。
祈りは、そんな自分を表明するひとつの方法なんだと思います。

新しいことにチャレンジしたいとき、あるいはどうしても叶えたいことがあるとき、一心に念じてみませんか。
そのときあなたは、ピュアで素直な気持ちのはず。
そのまっすぐな気持ちを“大きな志”に変えていきましょう！
「世の中の役に立ちたいから、私はこれをする！」という大志を抱くことで、苦境にあっても踏ん張りのきくあなたが生まれると思います。
また、気力がなえそうになったときも、自分の初心を念じれば、すぐに心のブレを修復することができるでしょう。
小さな世界に心を縛られないで、大きな世界で悠々《ゆうゆう》と泳ぎまわる自分を思い描き、生きがいを見つけ出してください。

自分の経験は、
どれほど小さくても
百万の他人がした経験よりも
価値ある財産である。

ゴットホルト・エフライム・レッシング

心理学を学び、心の扱い方がわかったような気になったとき、もっとも身近な人間関係が壊れて心がズタズタに引き裂かれたことがあります。
しかし悲しいことに、自分がそれまでに蓄えた知識では、絶望した我が身を救うことはできませんでした。
私はずっと「知識をいっぱい詰め込めば、人生はうまくやっていける」と信じていましたが、『ただ頭で知っていることと、それを実際に血と肉にして生きていくことは別』という事実を、これでもかといわんばかりに突きつけられたのです。

ボロボロになった心を抱えたまま人生をやり直す気力もわかず、もう死んでしまいたいと思いましたが、死ぬのにも気力がいることをはじめて知りました。
今思えば、私があのとき心の底から欲しかったものは、「こんな自分でも生きていていい」という無条件のやさしさだったような気がします。
最後に私は命を投げ出す覚悟で神に祈り、そこで無条件の愛に包まれる体験をして、ふたたび生きる気力を取り戻しました。
本当に、何事も経験してみなければわからないものですね。

今はインターネットや情報誌などで簡単に知識を得られますが、経験はコツコツと積み重ねていくことでしか得られません。あなたの経験はすべて“人生”という1本の糸で見事につながっています。今はなぜこうなるのかわからないことばかりでも、人生のどこかでかならず腑に落ちるときがきます。ですから、飛び込んできた痛みは徹底的になめ尽くしてください。
大事なことは“考える”ことではなく“感じる”ことです。
つらさを頭で納得するのではなく、感覚で味わう。それは身を削るような作業かもしれませんが、逃げずにそれをくり返すことで、あなたの人間性は練り上げられていくんですよ。

他人から見れば取るに足らないような小さな体験のひとつひとつが、のちに大きな財産となって返ってきます。
心の痛みを知り尽くせば、肌で人の痛みを察し、何をしてあげたらいいのかわかる感性を養うことができます。
喜びも同じ。人が喜んでいることをいっしょになって喜んであげられる人は、小さな感動を大切にかみしめながら生きてきた人だと思います。
そうやって、人生の深まりとともに円熟していきましょう。

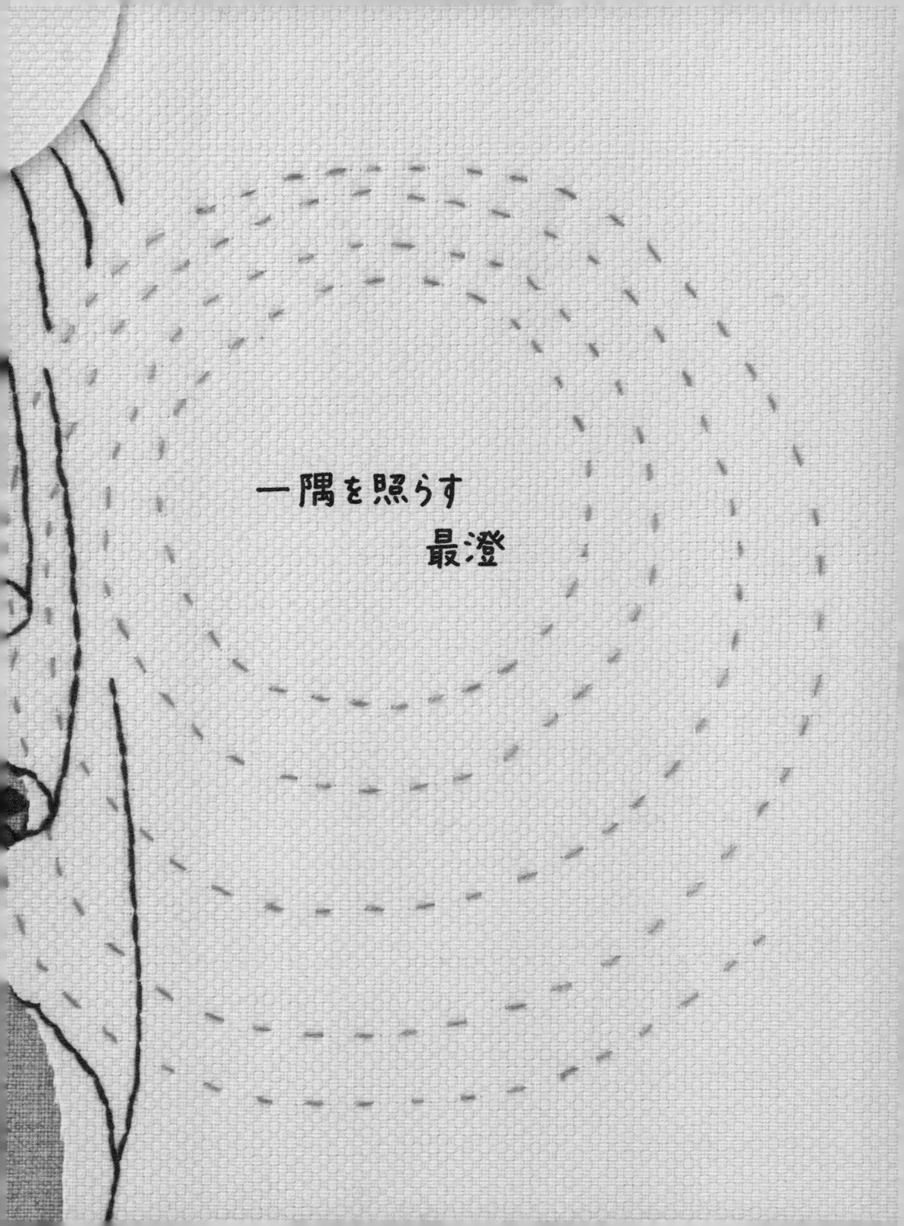
一隅を照らす
最澄

アメリカからやってきたメリット先生は、大学時代に出会った忘れられない恩師のひとりです。
よく、学生の瞳の奥をのぞき込むようにして「私は今あなたのために何ができますか？」とたずねていました。
先生が一番好きだという日本語を教えてくれたとき、20 歳の私は「ふ〜ん」と流しただけで、その真意を理解することすらしませんでした。その言葉が『一隅《いちぐう》を照らす』。
一隅とは、片すみではなく“自分がいるところ”という意味です。「その状況において必要な光を発する人間になれ。その場において役に立つ、欠くことのできない存在になれ」と伝えています。

それから社会に出て紆余曲折の人生を歩み、40 歳を過ぎたころ、退職して田舎でひとり暮らしをしているというメリット先生の家に遊びにいく機会がありました。
「山のなかでおひとりでいて、さみしくはありませんか？」ときくと、「こんなに豊かな自然といっしょだから、全然さみしくないです」とニッコリ。その頭上には、『一隅を照らす』という文字が、額に入って飾られていました。

私はそこで 20 年ぶりにこの言葉と再会したのです。
そのとき、「慈愛に満ちたまなざしで人を包み込むこの老人は、異国の地で、まさに一隅を照らして生きている…」と感じて胸に熱いものがこみ上げました。

若いときは野望を抱いてしのぎを削り合い、私もいっぱい傷ついてきたけれど、知らないうちに、ほかの人のこともずいぶん傷つけてしまったのではないかと思います。
そうまでして私が目指していたものは出世でした。名を上げて世間から認められれば、社会に貢献できる立派な人間になれると思い込んでいたんですね。
しかし未熟ゆえに、人の弱みにつけ込む権力者たちにいいように振りまわされ、挫折しました。そのとき、彼らと同じ土俵に立ってアクセク生きてきた自分の愚かさを知ったのです。

競争に疲れてふと足元に目をやれば、自分がそれまでないがしろにしてきたものが横たわっていました。
さみしがっている家族、音信が途絶えたままの友人、枯れた鉢植えの花、散らかり放題の部屋…身のまわりをこんな状態にしておいて、私はいったい何をしてきたんだろうと思いました。
身近なものにたっぷり愛を注ぐこと。家族や友だちを喜ばせること。それが社会貢献の第一歩だとヒシヒシと感じました。

それから真理を探究して生きていく間に、『一隅を照らす』は私の座右の銘になりました。
自分がまわりを照らし、そこで役に立つ人間になれれば、毎日身近にいる人たちと喜びを分かち合って生きていけるようになります。それこそが幸福の原点だと思います。
テレビをつければ、おもわず顔をしかめてしまうような陰惨なニュースが目立って、ゆく末を案じて絶望的な気分になる人も多いことでしょう。
でも「ひどい世の中だ」「暗い社会だ」となげくより、その暗闇の一部だけでも自分の光で照らすことを考えてみませんか？
時間も、心身も、才能も、あなたに与えられているものはすべて、まわりを照らすための光です。その光が尽きるときが、あなたの命が尽きるときなのです。
その光がいっそう明るさを増して輝くとき、あなたは幸福感に包まれるでしょう。

でもその幸福感は、独立しては存在しません。
困難を乗り越えてやり抜いたという達成感や、だれかの役に立てたという満足感、あるいは人に助けてもらったという感謝の念、そういう思いを通じてはじめて得られるものなのです。
またそこまで何かに打ち込んでみないことには、自分が生まれてきた本当の喜びにひたることはできないと思います。

あなたのまわりをあなたの光で照らしてください。
その光輪を少しずつ広げていくことができたらステキですね。
そのためには、残された人生を逆算して「あと何年で何をするか？」「この命を何に使うか？」と考えていくと人生を設計しやすくなるかもしれません。
そんなふうに生きていこうとする人間が、ひとり、またひとりと増えていくことで世の中は変わっていくのです。
ひとりが幸福になれば、そのぶん世界の幸福の量が増えます。
魂の目覚めをうながす光が波紋のように広がって、人々の心の闇が小さくなる日がやってきますように——。
あなたが今ある苦しみから解放されて、本当の心の自由と平安を得ることができますように——。

あなたが生まれたとき、

あなたは泣いて

まわりは笑っていたでしょう。

だからあなたが死ぬときは、

まわりが泣いて

あなたが笑っているような人生を歩みなさい。

～ ネイティブ・アメリカンの言葉 ～

今のわたしを好きになる本

著：宇佐美百合子

ISBN：978-4-86113-004-5
定価：1155円(税込)

わたしの好きな、わたしになろう

まわりからの評価を気にしすぎて、
自分に自信が持てなくなっていませんか？
ありのままの自分を受け入れるための
「気づきのセラピー」

うえを向いて、泣こう。

著：宇佐美百合子

ISBN：978-4-86113-914-7
定価：1155円(税込)

涙があなたを強くする

本当に苦しいときにあふれ出す涙は、
あなたを成長させてくれる。
やさしい自分を取り戻すための
「ヒーリング・メッセージ」

宇佐美百合子　Yuriko Usami

作家・カウンセラー。CBC アナウンサーを経て心理カウンセラーになる。1986 年読売新聞社主催「ヒューマンドキュメンタリー大賞」に『二つの心』が入選。「モーニング Eye」の人生相談や「笑っていいとも」の心理テストにレギュラー出演。ネット・カウンセリングの先駆者でもあり、執筆や講演を通してメッセージを発信している。
著作はベストセラー『元気を出して』『いつも笑顔で』（以上、PHP 研究所）、『がんばりすぎてしまう、あなたへ』（小社）をはじめ、『みんな、ひとりぼっちじゃないんだよ』（幻冬舎）など多数。
HP http://www.iii.ne.jp/usami/

幸せな私のはじめかた

2009年3月20日　初版発行
2012年11月1日　第6刷発行

著　宇佐美 百合子

刺繍イラスト　石井 寛子
装丁・デザイン　永野 久美

発行者　鶴巻 謙介

発行・発売
サンクチュアリ出版
〒151-0051 東京都渋谷区千駄ヶ谷 2-38-1
TEL 03-5775-5192 ／ FAX 03-5775-5193
URL http://www.sanctuarybooks.jp/
E-mail info@sanctuarybooks.jp

印刷・製本　株式会社光邦